성공이 목표일지라도
행복이 우선이다

성공이 목표일지라도 행복이 우선이다

김병완 지음

아비모

성공과 행복을 위한 법칙

모든 사람은 성공을 꿈꾼다. 그러나 누구에게나 성공의 길이 열리는 것은 아니다. 진정 최고가 되는 사람은 소수에 불과하다. 게다가 경제적인 성공만이 성공은 아니다. 사회적인 명성이 성공의 목표도 아니다. 진정한 성공은 타인의 평가에 따른 것이 아니라 스스로 얻는 것이기 때문이다. 성공을 꿈꾸고 노력하는 것은 결국 자신과의 싸움이다. 선택한 것을 향한 용기와 실천, 그리고 자신에 대한 믿음만이 성공의 열쇠라는 뜻이다.

자기에게는 아무런 재능도 능력도 없다고 한탄하는 사람이 있다. 그래서 성공하지 못한다고 말한다. 남들보다 재능이나 능력이 없으니 어쩔 수 없다고 좌절하기도 한다. 과연 재능이 없어서 성공하지 못하는 것일까?

결론적으로 말하면 성공은 재능으로 이루는 것이 아니다. 재능만 갖고 성공하는 사람은 없다. 물론 재능이 있다면 도움은 되겠지만 재능이 곧 성공으로 이어지는 것은 아니다. 도전과 실천 없이 재능만으로는 아무런 결실을 얻을 수 없는 법이다.

성공한 사람들 중 스스로 재능이 많다고 생각하는 사람은 그리 많지 않다. 오히려 부족한 것이 많다고들 말한다. 그렇다면 과연 무엇이 그들을 성공으로 이끌었을까? 그것은 바로 자신에 대한 신뢰다.

'자신이 없다'는 말은 곧 '의욕이 없다'는 말과 같다. 따라서 성공을 방해하는 것은 외부에 있는 게 아니라 자신의 내부에 숨어 있다. 더 나아가 실력이란 이 내적인 적을 물리치는 정신력과 행동력이다.

그렇다면 내적인 적을 이기는 방법은 무엇일까? 가장 중요한 것은 모든 일을 부정적으로 생각하는 고정관념을 버리는 것이다. 폐쇄적인 고정관념을 갖고 있으면 일이 순조롭게 풀릴 리 없다.

어떤 일도 좋은 면, 밝은 면만 보면서 가능성을 발견하는 플러스적인 사고를 가져야 한다. 그리고 어려움이 생겨도 긍정적으로 생각하고 적극적으로 도전하는 용기를 가져야 한다. 무슨 일이든 도전해 본다는 자세를 가진다면 이미 절반은 성공한 셈이다.

이 책을 쓰게 된 동기는 더 행복하고 성공적인 삶을 살 수 있는 길을 제시하기 위함이다. 물론 이런 내용을 다루는 책들은 서점에 차고 넘친다. 하지만 대부분의 책들은 행복과 성공을 별개로 나누어서, 행복하기 위해서는 성공하지 말아야 한다고 하거나, 아니면 성공과 부를 이루면 최고로 좋은 인생을 살아가는 것인 양, 그렇게 되기 위한 방법을 다루고 있다.

하지만 이 책은 그런 부류의 책들과 다르다. 성공과 행복을 분리하거나, 행복이 성공의 종속변수라고 보지 않기 때문이다. 오히려 필자는 성공이 행복의 종속변수라고 말한다.

이 책은 참된 행복과 성공의 길을 찾으려고 고민하거나 수많은 자기계발서를 뒤적이는 독자들을 위해 쓰였다. 그런 독자들의 시간과 노력을 절약해 주어 더 행복하고 성공적인 삶을 살 수 있도록 도와주기 위해서다.

이 세상에는 주장하는 내용이 천차만별인 수많은 책들이 존재한다. 그래서 어떤 책을 읽느냐에 따라 삶이 바뀌기도 한다. 그렇다면 이 책을 읽은 독자들은 어떤 인생의 길로 들어서게 될까?

이 책을 통해 제시하고자 하는 삶의 길은 행복만을 우선시하는 길이 아니다. 행복과 동행하면서도 목적지는 성공이다. 하루가 다르게 변하는 오늘날, 과거에는 존재하지 않았던 삶의 다양한 길들이 생겨났다. 그리고 이 책에서 제시하는 삶의 길 또한 시대의 변화로 인해 새롭게 생겨난 인생의 길 중 하나다.

새로운 시대를 살아가야 할 우리에게는 과거 사람들이 살아온 방법이 아닌 새로운 방법과 전략이 필요하며, 그 새로운 방법과 전략은 바로 새로운 인생의 길을 안내하는 지도와 같은 것이다. 그리고 그러한 새로운 전략과 방법은 바로 이 책에서 주장하는 '행복 성공학'이다.

시대가 바뀌었고 그 시대를 지배하는 패러다임도 바뀌었다. 이를 부정할 수는 없다. 그리고 무엇보다 행복의 패러다임이 과거 수십 년 전에는 상상도 할 수 없었을 만큼 크게 바뀌었다. 이러한 이유로 과거의 성공 전략과 법칙들은 새로운 시대를 살아가는 신세대들에게 무용지물이다. 새로운 시대에 행복하고 성공하기 위해서는 그 시대가 요구하는 새로운 전략이 필요하다.

이 책에서 신세대라 함은 청소년과 젊은 청년에만 국한되지 않는다. 신세대는 거대한 변화의 물결 속에 살아가야 할 새로운 인류를 말한다. 나이가 많든 적든 이 시대를 살아가야 할 사람은 모두 신세대인 셈이다.

그래서 이 책을 읽어야 할 독자는 나이를 불문하고 유연한 사고방식과 열린 마음을 가지고 있는 사람들, 나이가 많더라도 꿈을 포기하지 않고 간직한 사람들, 꿈을 잊은 지 오래되었다 해도 다시 새로운 꿈을 갖고자 하는 용기 있는 사람들 모두다.

성공의 비결과 방법을 제시한 책은 이미 서점에 많이 깔려 있다. 베스트셀러가 되어 수많은 이들에게 용기와 힘을 주는 책도 많다. 그런데도 여기서 그것을 다루는 이유가 있다.

기존의 책들은 성공의 비결로 '열정', '꿈', '유머', '노력', '목표 설정', '긍정적인 생각', '좋은 습관', 그리고 심지어 '바보 같은 우직함' 등을 꼽고 있다. 하지만 이 책은 그런 시각에서 조금 벗어나 성공의 비결로, 성공의 결과로 얻을 수 있는 '행복'을 주제로 삼는다. 약간 다른 시각은 전혀 다른 패러다임으로 발전된다. 성공해야 행복할 수 있는 것이 아니라, 행복해야 성공할 수 있다는 것이 이 책의 요체다.

"최고의 성공 법칙은 꿈과 열정이 아니라 행복이다."

이 책은 새로운 시대에 가장 강력한 경쟁력이 바로 '행복'이라는 사실을 여러 가지 다양한 사례를 통해 풀어 나간다. 조목조목 따져 보며 풀어 나가다 보니 전반부는 재미가 덜할 수 있다. 하지만 맛있는 요리를 먹기 위해서는 재료를 구입해 준비하는 시간이 그만큼 많이 걸리는 법이다. 그 지루한 준비 시간이 맛있는 요리를 먹을 때 한순간에 보상이 되듯, 이 책의 핵심인 후반부를 통해 독자는 원하는 것을 충분히 얻을 수 있을 것이다.

새로운 시대가 요구하는 새로운 행복 패러다임은 바로 이것이다.

"행복은 성공의 목적, 삶의 목적이 아니라, 성공적인 삶을 살아가기 위해 가장 필요한 수단이며 도구다."

성공하고 싶다면 어떻게 열심히 일하며 살까를 고민하지 말고, 어떻게 지금 이 순간 행복하게 살까를 고민해야 한다. 과거에는 열심히 노력하고 일하는 사람이 성공했지만 이제는 그런 사람보다 행복한 사람이 더 성공하는 시대로 접어들었기 때문이다. 스타벅스가 단기간에 성공한 것은 맛있는 커피를 팔았기 때문이 아니라, 커피를 마시며 감성과 영혼이 쉴 수 있는 제3의 장소를 팔았기 때문이다. 여기서 좀 더 파고 들어가 보면 바로 행복을 팔았다고 할 수 있다. 오늘날 인간은 단순한 제품의 소비자가 아니라 이성과 감성과 영혼을 지닌 전인적全人的 존재로 거듭났다. 바야흐로 감성, 영성과 관계된 가치 주도의 시대다.

  "오늘 행복하라. 그러면 내일 성공할 것이다. 성공은 오늘 행복할 수 있는 자의 것이다."

차례

Chapter **3** 행복의 플러스 이론

행복 성공학이란 무엇인가?

세상에 태어나서 마땅히 해야 할
의무가 있다면 그것은 먼저 스스로
행복한 삶을 사는 것이다.
세상 사람들 각자가 자기 행복만 온전히
책임질 수 있어도 세상은 훨씬
바람직한 방향으로 흘러갈 테니 말이다.

-벤저민 프랭클린-

행복한 사람이
성공하는 시대

나는 우리나라에서 최고로 일컬어지는 기업에서 첫 직장 생활을 시작하는 행운(?)을 잡았다. 그래서 남들이 보기에 나는 분명 행복한 사람이었다. 하지만 나는 행복하지 못했다. 분명좋은 회사에 취직이 되어 젊음과 열정을 불태우며 남들이 부러워하는 직장 생활을 했지만 시간이 지나도 행복해지지 않는 것이 문제였다.

입사 후 처음 1년은 내게 주어진 명함이 나의 기쁨이었다. 남들이 들어가고 싶어 안달인 회사에 다닌다는 사실이 자랑스러웠다. 하지만 그것은 참다운 행복이 아니라 껍데기 행복에 불과하다는 사실을 조금씩느끼게 되었다. 언제부터인가 단순히 비교 의식을 통한 허황된 기쁨이라는 생각이 들었다.

그래도 그렇게 나쁘지 않았다. 그럭저럭 살 만했기 때문이다. 그래서 직장 생활을 10년 이상 했다. 하지만 어느 순간부터 그렇게 살기가 힘들어졌다. 말할 수 없는 좌절과 슬픔이 내 삶에 침투하기 시작했던 것이다. 그것이 무엇인지 그때는 정확히 알지 못했다.

"더 이상 이렇게 살 수는 없어."

도대체 무엇이 문제일까? 남들도 다 그렇게 살아가는데 말이다. 모두들 좋은 대학을 졸업하고 좋은 직장에 취업하기 위해 발버둥 치는데 나는 다 이루지 않았는가.

나는 꿈과 비전이 없는 무미건조한 무채색의 삶을 살다가 깨닫게 되었다.

"인간은 의식주만 충족된다고 해서 살아갈 수 있는 존재가 아니다."

나는 그동안 매달 통장에 입금되는 월급을 나의 꿈, 비전과 바꾼 셈이었다. 그저 하루하루 주어지는 프로젝트에 매여 직장 생활을 하면서 내게 남은 것은 아무것도 없었다.

가장 큰 문제는 내 자신을 잃어버리는 것이었다. 나는 더 이상 내가 아니었다. 나는 회사가 원하는 사람으로 자꾸만 변해 갔다. 그 결과 나는 알맹이가 없고 빈껍데기만 남은 사람이 되었다. 10년 동안 앞만 보고 달렸지만, 그리고 그것이 기쁨이고 행복인 줄 알았지만 허울뿐이었던 것이다. 행복도 껍데기고 기쁨도 껍데기였다. 심지어 나 자신도 껍데기였다.

명함에 찍힌 직책이 나를 대신하고 있었다. 나는 회사라는 거대한 기계의 부속품에 불과했던 것이다. 내가 회사를 그만두면 나를 대변했던 권한과 사회적 지위가 한순간에 사라진다는 사실을 알게 되었다. 나 자신으로 대변되던 껍데기도 사라지고, 그 결과 나에게는 아무것도 남지 않는다. 그것이 참된 인생이라고 할 수 있을까?

남들과 비교해서 좀 더 우위에 있고 경쟁에서 이기는 것이 삶의 기쁨이요 행복일까? 그렇지 않다면, 우리가 살면서 얻고자 하는 그 많은 것들은 모두 껍데기 행복을 위한 도구에 불과한 것이 아닌가? 평생 앞만 보고 달려가는 것이 과연 제대로 된 삶일까? 이런 물음에 대해 잠시 멈추어 생각해 볼 필요가 있다.

역사학자 에릭 홉스봄Eric Hobsbawm은 20세기를 '극단의 시대'라고 표현했다. 나는 우리가 살아가는 21세기를 '극단을 넘어선 행복의 시대'라고 표현하고 싶다. 극단의 시대로 불렸던 20세기는 행복하기 위해 불행했던 시대이고 성공하기 위해 실패했던 시대이기 때문이다.

그런 까닭에 우리는 미완의 시대를 넘어 완성의 시대, 조화의 시대를 개척해야만 한다. '행복의 불행', '성공의 실패'라는 역설적이고 모순적인 시대를 지나 이제 우리는 '행복의 행복'과 '성공의 성공'이라는 시대를 살아야 한다. 시대가 변해서 행복한 사람이 성공할 수밖에 없는 때가 왔기 때문이다.

산업화 시대와 지식 정보화 시대는 우리 앞에 또 다른 세계를 펼쳐 놓고 있다. 과거 성공 법칙의 주역은 근면과 성실이었다. 그래서 과거에는 근면하고 성실한 사람이 충분히 행복하고 성공할 수 있었다. 그러나 시간이 흐름에 따라 성공의 주역도 바뀌어 최근까지는 열정과 창의성으로 성공을 일궈 냈다.

또 시대가 변해 이제는 행복과 감성이 성공의 법칙으로 자리 잡고 있다. 시대가 바뀌면서 기존의 법칙이 붕괴되고 새로운 법칙이 등장한다. 시대의 변화와 흐름을 인식하지 않고 그 시대의 성공 법칙을 논하는 것은 큰 실수다. 시대의 변화와 흐름에 따라 성공의 키워드도 달라져야 한다.

지금 이 시대에 성공과 행복, 이 두 마리 토끼를 모두 잡으려면 어떻게 해야 할까? 과거에는 성공하면 어느 정도 행복할 수 있었지만 이제는 이 순서를 뒤집어야 한다. 바로 행복으로 성공을 잡는 것이다.

"'행복한 사람'이 '성공하는 시대'다."

이 책의 핵심 주제인 이 말을 불행하게 삶을 살아가는 수많은 현대인들에게 해 주고 싶다. 오늘날 수많은 사람들은 공부에 치이고 일에 치이며 불행한 성공을 거두고 있다. 성공에 대한 욕망과 집착으로 불행한 삶을 살아가고 있는 것이다.

성공만큼 행복도 중요한 시대가 된 지금, 행복하지 않은 성공은 참된 성공이라고 할 수 없다. 불행한 자들이여, 성공했다고 말하지 말라. 스스로 불행하다고 생각한다면 이 책을 통해 행복이 무엇인지, 그리고 어떻게 해야 행복하면서 성공할 수 있는지 모색해 보기를 바란다. 행복하고 동시에 성공한 사람이라면 이 책이 필요 없을 것이다. 하지만 행복과 성공 중에서 하나만 이루었다면, 혹은 대부분의 사람들이 그렇 듯 두 가지 모두 갖고 있지 않다면 아주 요긴할 책이 될 것이다.

우리 바로 윗세대의 시대는 그 어느 때보다도 성공을 위해 더 열심히 살아왔다. 그러나 그로 인해 행복했지만 한편으로는 불행했다. 한편으로는 성공했지만 또 다른 한편으로는 실패했다. 경제 성장은 이룩했지만 한국 사회는 세계 최고의 자살률을 기록하고 있다. 회사는 많은 돈을 벌었지만 개인의 파산 또한 엄청나다. 경제적·사회적으로 성공했어도 그 성공을 함께 나눌 가족이 뿔뿔이 흩어졌다. 세계 최고의 이혼율이 그것을 증명하고 있다. 왜 이렇게 되었을까?

"성공했지만 불행하다. 기쁨도 즐거움도 없고 오직 성공했다는 사실로만 위안받을 수 있다. 평생을 바쳐 이룩한 성공을 누리기에는 시간이 없고, 함께할 가족도 친구도 없다. 성공으로 얻을 수 있는 것은 역설적으로 소중한 것 빼고는 다 가능한 것처럼 보인다."

이러한 현상 탓에 웰빙well-being이란 개념이 새롭게 등장해 유행어가 되기도 했다. 성공만 추구하던 시대가 지나고 이제는 행복을 더 중요시하는 시대가 되었다.

한국 사회에서 대부분의 사람들은 성공을 위해 현재의 행복을 잠시 뒤로 접어 두는 경향이 있다. 그것이 현명하고 지혜로운 선택이라고 생각한다. 그리고 성공하는 그날, 그동안 제쳐 두었던 행복을 곱절로 보상받겠다는 보상 심리를 가지고 있다.

당장 내일 무슨 일이 생길지 알 수 없는 게 우리 삶인데 참 어리석은 생각이다. 게다가 설사 먼 미래에 성공하게 된다고 해도 성공만을 향해 힘겹게 앞만 보고 달려온 수많은 날들을 미래의 성공이 전부 보상해 줄 수는 없다. 더군다나 나중에 성공한다는 확실한 보장도 없다.

우여곡절 끝에 다 늙어서 성공했다 해도 그로 인해 얻을 수 있는 행복과 삶의 가치, 기쁨은 그다지 크지 않다. 그렇다고 현재의 쾌락과 즐거움만 좇다 보면 미래에는 별 볼일 없는 처지가 될 것이다. 우리는 이런 진퇴양난과 같은 딜레마에 빠져 살아가고 있는 것인지도 모른다.

그럼 우리는 내일의 성공을 좇아야 할 것인가? 아니면 현재의 행복을 좇아야 할 것인가? 어떻게 해야 두 마리 토끼를 모두 잡을 수 있을까?

이 질문에 대한 답은 바로 '현재 행복하면서 동시에 미래에 성공할 수 있는 새로운 방법'을 제시한 이 책 속에 있다. 즉, 내가 이 책을 통해 세상에 내놓는 성공 철학은 한마디로 '행복 성공학'이다.

"행복은 인생의 목적이 아니라 성공적인 삶을 위한 수단이자 원동력이다."

많은 사람들이 '행복하고 즐거운 삶'보다 '불행하고 우울하고 인내하는 삶'을 스스로 선택해서 살고 있다. 그리고 그런 삶을 살면서 자신과 개성을 잃어버리게 되었다. 이를 깨닫지 못하고 많은 사람들은 더욱더 성공과 멀어지는 삶을 살아간다.

우리는 가장 행복할 때, 가장 즐거울 때, 가장 재미있을 때 몰입을 하고 에너지를 얻게 된다. 내면에 존재하지만 평소에 느끼지 못했던 무한 에너지는 행복할 때 가장 잘 드러나고 발휘된다.

많은 사람들은 "성공하면 행복해질 수 있다"고 말하며 스스로 성공의 노예로 전락하고 만다. 조금 더 윗자리로 오르기 위해, 조금 더 돈을 벌기 위해, 조금 더 성공하기 위해 자신을 채찍질한다. 행복 또한 성취해야 하는 것으로 여겨 행복이라는 허상을 좇는 꼴이 된다. 그러다 보니 온갖 걱정과 스트레스, 집착으로 얼룩진 삶이 버겁기만 하다.

그러나 '성공하면 행복해지는 것이 아니라 행복하니까 성공도 할 수 있다'는 사실을 알아야 한다. 행복한 사람은 행복을 좇는 사람이 아니다. 행복한 사람은 행복을 얻기 위해 혹은 행복하기 위해 살았던 것이 아니다. 행복한 사람은 행복을 위해 아등바등 살지 않는다. 행복한 삶은 궁극적으로 성공이라는 결과를 안겨 준다. 즉, 행복하게 즐겁게 살면 성공은 내일 아침에 찾아온다. 이것이 바로 '행복 성공학'이다.

여러분은 어떤가? 행복하기 위해 일하고 무언가를 끊임없이 좇는 강박관념에 억눌린 삶을 살고 있는가? 아니면 하루하루 삶을 누리면서 지금 이 순간의 주인으로 살고 있는가?

건강하게 사는 인생과 건강하기 위해 사는 인생이 다르듯이 행복하기 위해 사는 인생과 행복하게 사는 인생은 다르다. 하지만 사람들은 이 차이를 잘못 이해하고 불행의 길로 들어선다.

성공적인 삶을
위한 원동력

건강하고 활기차고 즐거워야 바람직하며 자연스러운 삶이라고 할 수 있다. 단순히 건강하게 사는 것이 인생의 목적이라면 안타까운 일이다. 크든 작든 자기에게 맞는 귀중한 목적을 지니고 그 목적을 위해 살아갈 때 삶이 건강해진다. 이렇게 우리가 하루하루 행복하게 사는 것은 어떻게 보면 자연스러운 자연의 법칙에 속하는 것인지도 모른다.

가장 낮은 차원의 삶은 가난하고 굶주린 삶이 아니라, 자연스럽게 삶의 일부가 되어야 할 건강과 행복을 삶의 목적의 자리에 둔 삶이다. 가난과 굶주림에서 벗어나기 위해 노력해야 할 때가 있겠지만 그것이 살아가는 내내 목적이 되어서는 안 될 일이다. 건강과 행복은 삶의 목적으로 둔갑할 수 있는데 그렇게 되면 거기에 집착하다 못해 아무것도 남지 않는 삶이 될 수 있다.

사람들은 쾌락과 사치에 빠지지 않으려고 조심하면서도 건강과 행복에 대해서는 무방비로 마음을 놓아 버린다. 그래서 건강과 행복의 노예가 되기도 하고 더 낮은 수준의 삶을 살게 될 수도 있다.

어느 프랑스 철학자의 표현을 빌리자면 온 세상이 미친 듯 안전과 행복을 추구하고 있다. 세계적으로 존경받는 인물조차도 한 치의 망설임 없이 "삶의 목표는 행복에 있기 때문에 우리의 삶은 근본적으로 행복을 향해 나아가고 있다"고 말하며 이 시대의 모든 사람들이 삶의 목표를 행복으로 설정하도록 유도하고 있다.

고대 철학자인 아리스토텔레스부터 현대의 윌리엄 제임스에 이르기까지 대부분의 사상가들은 "우리 존재의 목적은 행복을 찾기 위한 것"이라고 주장했다. 하지만 나는 "우리가 추구해야 할 최고의 목표가 행복이어서는 안 된다"고 말하고 싶다.

"우리 존재의 목적은 행복을 찾기 위한 것이 아니라, 우리 존재의 행복은 인생의 목적을 찾을 때 비로소 시작된다."

밝은 삶은 빛을 좇지 않지만, 어둠이 우리의 삶을 침범할수록 빛을 좇게 된다. 즉, 불행이 삶을 침범할수록 행복을 좇기에 급급하게 된다. 그러나 그러다 보면 정작 중요한 삶의 가치와 의미를 잃어버리고 삶이 메마른다. 오늘날 마음과 정신이 병들어 치료를 받는 사람들과 자살하는 사람들이 증가하는 것도 바로 이 때문이다.

결론적으로 말해 행복한 삶을 살 때에는 행복을 좇지 않는다. 세상은 성공하면 행복해질 수 있다고 말하지만 오히려 그 반대다. 행복하면 성공할 수 있다는 것이 진리에 가깝다.

달라이 라마는 "행복은 마음의 수행을 통해서 발견할 수 있다"고 말한다. 하지만 마음의 수행이야말로 행복하지 않다면 불가능한 일이다. 프로이트는 행복한 삶의 조건으로 일과 사랑을 제시했다. 하지만 나는 행복한 삶의 조건이란 존재하지 않는다고 믿는다. 페터 오르토퍼는 "행복하려면 성공하지 말라"고 말한다. 하지만 나는 성공하려면 행복하기도 해야 한다고 생각한다.

그 외에도 수많은 성공학 관련 책들은 "절대 포기하지 말라"고 말한다. 하지만 나는 "제발 성공과 행복에 대한 집착을 내려놓으라"고 주장한다. 그것이 행복과 성공의 지름길이기 때문이다. 성공과 행복에 대한 집착과 욕망이야말로 실패와 불행의 씨앗이기 때문이다. 이는 우리가 남들에게 받을 때보다 줄 때 마음이 푸근하고 즐겁다는 데서 느낄 수 있는 철학이다.

자식들을 위해 평생 뼈 빠지게 일한, 이제는 삶의 막바지에 이른 사람들을 흔히 볼 수 있다. 하지만 뼈 빠지게 일하는 대신에 뼈저리게 행복을 느꼈어야 옳았다. 부모의 노고를 아는 자식으로서는 그렇게 삶을 다해 늙은 부모를 대할 때 죄책감과 미안함이 클 것이다. 반면에 행복한 삶을 살아온 부모를 대하는 자식의 마음은 행복으로 가득할 것이다. 부모 삶의 일부분인 자식에게 자연스럽게 학습되어 행복이 자식에게 그대로 전이되는 효과가 나타난다. 이런 이유로, 자식이 행복하길 바라는 부모라면 먼저 자신이 행복하게 사는 법을 배워야 할 것이다.

세상은 "성공하기 위해 도전하고 또 도전하라"고 말한다. 하지만 "실패하기 위해 도전하고 또 도전하라"고 말해야 옳다. 도전하고 실패하는 과정을 통해 더 큰 성공의 길을 찾을 수 있기 때문이다.

수많은 사람들은 '실패하지 않기를 그리고 반드시 성공하기'를 소망한다. 하지만 나는 '더 많이 실패해 보기'를 소망한다. 그래야 참된 성공이 무엇인지 알 뿐만 아니라 그것을 이룰 수 있기 때문이다. 실패를 두려워하지 않는 사람은 마침내 이뤄 낸 성공을 유지할 수 있는 그릇이 된다. 그러나 실패를 두려워하는 사람은 어쩌다 성공을 이룬다 해도 그 성공 때문에 패가망신하게 되는 경우가 허다하다. 잭 웰치Jack Welch는 이러한 사실을 말하고 있다.

"인생은 실수를 하면서 살아가는 과정이다. 실수를 통해 얻은 지식만큼 값진 것은 없다."

학교에서도, 책으로도 배울 수 없는 것을 실수를 통해 배울 수 있다. 그러니 어찌 보면 실패는 성공보다 더 값진 것이다. 젊은 시절에 고생은 사서도 한다는 말이 빈말이 아님을, 산전수전 겪으며 실패하고 실수한 경험이 쌓이면서 몸소 느끼게 된다.

젊은 시절에 너무 일찍 성공을 맛보는 것은 경계해야 할 일이다. 그렇게 되면 자만에 빠져 인생의 후반기에 더 큰 성공을 이루지 못하는 경우가 많기 때문이다. 반면에 젊은 시절에 수많은 실패와 시련을 맛본 사람들 중에는 인생의 후반기에 큰 성공을 이루는 경우가 많다. 실패와 시련은 인간을 성장시키는 값진 밑거름이다.

나는 "행복과 성공은 인생의 유일한 과제와 목표를 수행하기 위해 활용할 수 있는 가장 최적의 도구이자 과정이며 자원이다"라고 거듭 강조하고 싶다. 아울러 이 말을 덧붙인다.

"오늘 행복하지 못한 내일의 성공은 퇴색된 승리일 뿐이다. 그래서 오늘 행복하지 못한 내일의 성공은 아무런 가치도 기쁨도 즐거움도 없다."

이제 성공과 행복을 둘 다 이루기 위한 답인 '행복 성공학'에 쉽고 재미있게 접근할 수 있도록 원리와 실제 사례 및 적용 가능한 실천 방법을 제시하고자 한다. 1장에서는 진짜 행복한 사람은 어떤 사람인지 알아보고, 왜 행복한 사람이 성공하는지에 대해서 설명했다. 2장에서는 그러한 성공을 왜 진짜 성공이라고 할 수 있는지, 그리고 불행한 성공을 왜 성공이 아닌 실패라고 할 수 있는지에 대해 알아보고, 그것을 근거로 하여 행복 성공학의 법칙을 제시할 것이다. 물론 실생활에서 바로 응용할 수 있는 실천 방법도 실었다. 이를 통해 독자들이 "나는 너무 행복해서 실패할 수 없다"고 말할 수 있게 되길 바란다.

2
Chapter

행복과 선택

인생에 주어진 의무는
다른 아무것도 없다네.
다만 행복하라는 한 가지 의무뿐,
우리는 행복하기 위해 세상에 왔지.

- 헤르만 헤세 -

행복을 추구하다
불행해진 인간

"사는 게 재미없어. 왜 사는지 모르겠어?"

오랫동안 잘 알고 지내던 지인이 갑자기 내뱉은 말에 나는 충격을 받았다. 우리나라 최고의 기업이라고 일컬어지는 회사에 다니면서 인정도 받고 있는 사람이었기 때문이다.

나는 "사는 게 다 그렇지 뭐. 그래도 넌 행복한 줄 알아야 돼!" 라고 헛된 위로의 말을 해 주었다. 나 역시 그와 다를 바 없는 처지였기 때문이다. 그런데 나는 나와 같은 생각을 하는 사람이 또 있다는 사실에도 놀랐다.

우리 사회는 과거보다, 정확히 10년 전보다 훨씬 더 풍요롭고 살기 좋아졌다. 하지만 한편으로 더 많이 이혼하고, 더 많이 자살하고, 더 많이 상처를 받으며 살아가고 있다. 마치 전쟁터의 한복판에 있는 것과 같다.

사람마다 행복을 추구하는 방법과 모습은 천차만별일 것이다. 중요한 점은 바로 행복을 추구하는 방법에 따라 행복과 불행이 갈린다는 것이다. 그런데 안타깝게도 많은 사람들이 그다지 행복하지 않다는 것이 문제다. 저마다 행복을 추구하며, 아니 행복하기 위해 많은 희생을 치르면서 살아가는데도 말이다. 왜 그토록 많은 사람들이 불행한 것일까?

행복하기를 원치 않는 사람은 없을 것이다. 그리고 대부분의 사람들은 행복을 이루기 위해 평생을 노력한다. 하지만 노력을 기울였음에도 불행한 이유는 불행할 수밖에 없는 행복을 선택했기 때문이다. 참된 행복의 길을 찾지 못하고 잘못된 행복의 길을 발견한 뒤, 그 길로 가면 행복하게 될 것이라고 생각했기 때문이다. 잘못된 행복의 선택과 잘못된 행복 추구 방법 때문인 것이다.

그렇다면 잘못된 행복이란 도대체 무엇인가? 잘못된 행복은 행복에 대한 잘못된 생각, 즉 오해에서 비롯된다고 할 수 있다. 행복에 대한 오해는 바로 행복을 소유하는 것이라고 생각하는 것이다. 그리고 부와 권력을 획득하기만 하면 행복이 자연스럽게 따라온다고 생각하는 것이다. 달리 표현하면 행복을 성공의 종속변수로 생각하는 것이다.

이러한 잘못된 생각과 오해는 많은 사람들의 삶을 매우 힘들고 고달

프게 만들었다. 뿐만 아니라 많은 사람들에게 다다익선이라는 불행의 씨앗을 심어 놓았다. 두 배로 소유하면 행복도 두 배로 커질 것이라고 생각하게 만든 것이다. 하지만 대부분의 사람들은 소유와 행복이 비례하지 않는다는 사실을 이해하지 못한다. 그저 더 많은 성공을 위해 쉴 없이 내달리면서 행복하기 위해 살고 있다고 스스로 위안하는 것이 오늘날 우리의 삶이다.

그래서 좀 더 많은 권력을 차지하면 더 행복하게 될 것 같아 전쟁도 마다하지 않는다. 어떤 이는 좀 더 많은 부를 쌓으면 더 행복해지리라 믿고 양심을 저버리고 수단과 방법을 가리지 않는다.

요즘처럼 배금주의拜金主義가 판을 치는 시대도 없다. 오죽하면 "부자 되세요"가 인사말처럼 쓰이고 그런 말을 들어도 아무 거부감이 없는 세상이 되었다. 지금 이 세상에 부자 되는 것을 싫어하는 사람이 있을까?

하지만 옛사람들은 지금의 우리와 많이 달랐다. 청빈에 만족하며 돈보다 다른 것에 더 가치를 두는 사람들이 많았다. 심지어 스스로 가난의 길을 자청한 선비들도 있었다. 돈이 모든 것을 해결해 줄 수 있으며, 심지어 행복도 살 수 있다고 생각하는 이 시대의 사람들과 달라도 한참 달랐다. 돈이 있으면 오히려 학문의 정진과 선비적인 삶에 해가 된다고 생각했던 모양이다.

경제적으로 풍요로워졌지만 경쟁이 더 심해지고, 뒤처지지 않기 위해 책을 읽고 공부해야 하는 시대가 되었다. 책 읽고 공부하는 것 자체만으로도 기뻐하고 행복해했던 우리 조상들이 이런 상황을 본다면 뭐라고 할지 궁금하다. 한편으로 나는 돈으로 행복을 살 수 있다고 생각하지 않았던 우리 조상들이 부럽기만 하다.

우리나라처럼 짧은 시간 내에 경제적으로 풍요로워진 나라도 드물 것이다. 가난과 궁핍으로 UN의 원조를 받아야 했던 것이 엊그제인데 이제는 원조를 해 주는 입장이 되었다. 하지만 우리의 마음은 그러한 풍요로 충분하지 않은 듯하다. 욕심과 집착이 더 많아져서 성공의 잣대가 돈이 되어 버렸다. 돈 많이 벌어서 대박을 터뜨린 사람이 성공한 사람이요 잘사는 사람으로 치부되는 세상이다.

돈이면 행복도 살 수 있다고 생각하는 것, 이것이 바로 우리 삶이 더 각박해지고 흉흉해진 원인이라고 할 수 있다. 그런 생각은 행복이란 누리는 것이 아니라 소유하는 것이라는, 근본적으로 잘못된 생각에서 비롯되었다.

인간의 역사를 뒤돌아보면 동서고금을 막론하고 전쟁, 갈등, 경쟁, 비리가 끊이지 않았다. 왜 그랬을까? 인간이 선택한, 잘못된 소유를 통한 행복론 때문이며, 그 결과 인간은 점점 더 불행해지고 있다.

우리는 행복해지기 위해 일을 하며 성공하고자 한다. 하지만 일을 하고 성공을 해도 행복하지 않다면 그러한 삶에는 답이 없다는 것이 문제다. 애초부터 선택이 잘못되었기 때문이다. 이처럼 불가피하게 불행해지는 길로 가는 선택을 하도록 이끈 가장 큰 원인은 무엇일까?

행복이 우리 인생의 최대 목표이며, 우리는 행복하기 위해 살아간다고 보는 목적론적 행복론이 바로 인간을 불행하게 만든 주범이다. 행복한 삶이 최고의 삶이고 가장 숭고한 삶이라는 잘못된 생각이 오히려 우리를 불행으로 이끌었다고 할 수 있다. 결국 이러한 행복론은 인간이 그토록 추구하던 참된 행복을 더 멀리 달아나게 했다.

철학자 파스칼은 다음과 같이 설파했다.

"모든 사람은 행복을 추구한다. 여기에 예외는 없다. 행복을 추구하는 방법은 저마다 다를지라도 모두 한 지점을 향하고 있다. 전쟁을 일으키는 사람이나 그것을 막는 사람이나 모두 행복의 소망에서 출발한다. 사람은 행복 이외의 목적에는 그다지 관심을 보이지 않는다. 행복은 모든 사람과 모든 행동의 동기이며, 심지어 스스로 목을 매달아 죽는 사람도 이 점은 같다."

목적론적 행복론에 대하여 말한 철학자는 그뿐만이 아니다. 정신분석학자 프로이트도 그와 비슷한 말을 했다.

"과연 인간이 삶에서 얻으려는 것은 무엇이며 성취하려는 것은 무엇인가? 그 답은 바로 행복이다. 인간은 행복해지길 원하고 행복한 상태에 머물기를 원한다."

또한 달라이 라마도 매우 간결한 표현으로 비슷한 말을 했다.

"우리 삶의 목표는 행복이다."

위대한 철학자와 현인의 말처럼 인간은 사회적 동물이기 때문에 동물과 다른 삶, 보다 고차원적인 삶을 원하게 되었다. 동물과 다른 삶을 의미를 추구하는 삶, 목적을 추구하는 삶, 예술을 실천하는 삶 등과 같은 고차원적인 삶으로 인식하게 되었다. 그중에서도 대부분의 삶을 포괄하며 대부분의 사람들이 원하고 추구하는 삶은 행복한 삶이라고 말할 수 있다.

하지만 인간은 이러한 행복한 삶을 추구하기 위해 자연 그대로의 참된 행복이 아니라 다소 인위적인 이상한 행복을 추구하기 시작했다. 바람직한 형태의 행복이 아니라 욕심과 집착 같은 불순한 것들이 추가되어 결합된 나머지 본질적인 행복과는 아주 다른 성질의 행복이 탄생하게 되었다. 그리고 그것이 오랫동안 행복과는 정반대의 불행으로 인간을 이끌어 온 것이다.

그 괴물과 같은 이상한 행복은 바로 '소유를 통한 행복'이다. 다시 말해, 불행한 인간이 선택한 행복은 '소유 지향적인 행복'이었다. '소유를 통한 행복'은 무엇을 가진다는 것만을 의미하는 것이 아니다. 무엇인가를 성취해 내고 누군가에게 인정을 받는 것, 타인의 부러움을 사고 인기를 얻는 것도 포함된다.

다다익선多多益善의 허구

　　인간이 소유를 통한 행복을 자연스럽게 그리고 어쩔 수 없이 선택하게 된 것은 조상의 삶의 방식이 '다다익선多多益善' 이라는 원칙을 선호할 수밖에 없는 진화적·사회적 환경에 처해 있었기 때문이다. 오랜 옛날에는 사냥감과 안전한 공간이 확보될수록 생존과 번영이 보장되었기 때문에 인간의 무의식 속에는 다다익선이라는 개념이 강하게 새겨지게 되었다.

　　이러한 개념은 인간의 번영과 수명 연장에 매우 유익하게 작용했지만 현대에 들어서는 단점으로 여겨질 뿐만 아니라 행복을 가로막는 장해물이 되고 있다. 즉, 오늘날에는 너무 많은 것을 소유하려고 하기 때문에 경쟁하고, 서로 다투고, 병에 걸리기도 한다.

　20세기는 선택과 집중의 방식이 개인이나 기업의 중요한 생존 전략이었다. 그러나 21세기에는 그 외에 뭔가가 더 필요한데, 선택과 집중보다는 나열과 분산의 방식이 더 나은 전략이라는 데 의견이 모아지고 있다.

　좀 더 자세히 살펴보면, 인간이 오랫동안 선택해 온 소유를 통한 행복의 원리인 다다익선의 방식이 생존에 큰 도움이 되었던 것은 사실이지만, 또 다른 한편으로는 수명을 좀먹는 개념과 습관이 되어 버렸다. 선진국일수록 굶어 죽는 사람보다는 비만으로 인해 죽는 사람이 많다는 것은 이에 대한 방증이다. 가난할 때는 부족하나마 서로 나누면서 살던 가족이 로또 복권에 당첨되고 나면 형제간에 의가 상하거나 이혼을 하고 심지어 파산하는 경우를 매스컴을 통해 들어 보았을 것이다.

　다다익선이라는 사고방식과 그것을 토대로 형성된 습관은 우리 인간을 소유의 노예로 만들어 인간들끼리 경쟁하게 했다. 다시 말해, 이러한 행복론은 행복을 누리도록 만들어 주는 것이 아니라 좀 더 많은 것을 소유하기 위해, 좀 더 많은 것을 성취하기 위해 일에만 매달리게 하는 병폐를 낳았다. 이미 행복하기에 충분한 돈과 조건을 갖추었음에도 그 행복을 누리기는커녕 더 큰 행복을 위해 지금의 행복을 지나쳐 버리게 된 것이다. 이러한 현상의 심각한 문제는 바로 본질과 가치보다 돈과 물질이 더욱 우선시되는 사회, 과정과 현재보다 결과와 미래가 더욱 우선시되는 사회로 변질된다는 것이다.

위대한 자연의 법칙 중 하나는 "받은 만큼 나누어 주어야 하고, 나누어 준 만큼 다시 돌려받을 수 있다"는 것이다. 하지만 인간은 자연의 법칙을 무시하고 오직 소유만이 능사라고 생각하면서 비극을 자초하고 있다. 좀 더 많은 재산, 좀 더 많은 명예, 좀 더 많은 권력, 좀 더 많은 인기, 좀 더 많은 지식, 좀 더 많은 인간관계, 좀 더 많은 행복을 소유하기 위해 쉼 없이 살아가는 삶은 풍족하면서도 궁핍한 삶이며, 가졌으면서도 실상은 가진 것이 없는 빈곤한 삶에 불과하다. 이렇듯 성공했음에도 여전히 성공에 목말라 하는 삶을 선택하는 것은 결국 비극이 될 수밖에 없을 것이다.

정말로 부유한 사람은 이미 많이 가지고도 더 가지기 위해 노력하는 사람이 아니라, 현재 가지고 있는 작은 것에 가장 큰 만족을 느끼는, 마음이 풍요로운 사람이다. 풍족하면서도 궁핍한 삶을 살아온 인간은 이제야 소유와 성취로 얻을 수 있는 행복이 매우 작다는 사실을 깨달아 가고 있다. 행복이란 소유와 성취를 통해 얻을 수 있는 성질의 것이 아니라는 것을 깨달음으로써 참된 행복이 무엇인지 찾기 시작했다.

그렇다면 참된 행복이란 무엇일까? 간단히 말하면 나눔을 통한 균형, 사랑과 신뢰가 넘치는 관계다. 인간이 행복해지려면 삶의 균형과 관계를 이루어야 하며, 이를 위해서는 소유한 만큼 나누고 나보다 타인을 사랑하는 마음을 가져야 한다.

세계적인 부자도 행복하지 않은 자기 자신을 발견하고, 이러한 깨달음으로 삶의 원칙과 행동을 바꾸는 경우도 종종 있다. 대표적인 인물은 워렌 버핏Warren Buffett과 빌 게이츠Bill Gates로, 그들이 벌이고 있는 기부 문화 운동인 '더 기빙 플레지The Giving Pledge'는 이를 잘 드러낸다. '더 기빙 플레지'는 기부 서약 캠페인으로 2010년 6월 이 두 사람을 중심으로 만들어졌는데, 미국의 대부호 40명이 생전이나 사후에 재산의 절반을 사회에 기부하겠다는 서약을 통해 시작되었다.

끝없는 소유욕

인생은 결국 선택의 문제다. 마찬가지로 행복 역시 선택의 문제다. 잘못된 행복론을 선택한 탓에 우리는 오늘도 경쟁에 몰두하고 있다. 좀 더 많이 소유하면 더 행복해질 것이라는 잘못된 생각 때문에 소유의 노예, 욕심과 집착의 노예로 하루하루를 고통스럽게 살아가고 있다. 인간은 가혹한 경쟁 사회를 스스로 만들어 몸뿐만 아니라 마음에 병을 얻게 되었다.

우리나라는 청소년 자살률 1위, 이혼율 1위라는 불명예를 얻었다. 자신이 불행하다는 사실도 모른 채, 우리의 아이들은 어렸을 때부터 경쟁 속에 내쳐진다. 힘겨운 삶을 참고 이겨 내야만 성공과 행복이 보장되고 남들보다 더 잘살 수 있다고 어른들이 세뇌시키기 때문이다. 물론 어른들도 어리석은 생각에 기만당하고 있다는 사실을 까맣게 모르고 있다는 것이 더 큰 문제다. 하지만 어른들의 믿음은 우리 사회가 만들어 낸 허상일 뿐이고, 그러한 거짓된 믿음의 희생양은 바로 우리 자신과 우리의 아이들이다.

다시 강조하지만 행복은 절대 소유와 성취를 통해 얻을 수 있는 것이 아니다. 고대 로마의 정치가이자 철학자인 세네카는 이 사실을 잘 알고 있었지만 이러한 깨달음을 널리 펴지 못했다. 그는 "행복할 것으로 보이는 사람들은 사실 가련한 사람들"이라고 주장했다. 그는 부나 명예, 권력과 같은 외형적인 것들이 결코 행복을 가져다주지 못한다는 사실을 누구보다 잘 알고 있었다. 그의 말이 틀리다면 부자나 권력자들은 모두 지극히 고차원적인 큰 행복을 누려야 할 테지만 실상은 그렇지 못하다.

행복하기 위해 일과 성공을 선택한 사람들이 성공의 길목에서 또는 성공한 자리에서 비참하게 생을 마감하기도 한다. 국내의 모 대기업 회장은 성공을 위해 일만 하다가 자살했고, 미국의 부자 제이 굴드는 친구 하나 없이 외롭게 죽어 갔다. 또한 아시아 최고의 여성 부호였던 차이나켐그룹의 니나 왕 회장은 자녀도 없이 난소암으로 죽었다.

이렇듯 큰 성공을 거두었음에도 불구하고 불행한 이유는 무언가 부족해서가 아니라 더 많은 돈과 명예에 집착했기 때문이라고 할 수 있다. 소유욕에 지배당해 자신을 몰아붙이는 잘못된 행복을 선택한 것이다. 닭이 먼저냐, 달걀이 먼저냐 하는 논란과 마찬가지로, 우리가 잘못된 행복론을 선택했기 때문에 소유의 노예가 된 것이기도 하지만, 소유의 노예가 되었기 때문에 잘못된 행복론을 선택하게 된 것이기도 하다.

돈 자체는 선한 것도 나쁜 것도 아니다. 돈은 잘 사용하면 큰일을 할 수 있기 때문에 매우 유익한 도구이기도 하다. 하지만 잘못 사용하면 인간을 파멸로 이끌기도 하고 스스로에게 상처와 아픔을 줄 수도 있다. 마치 돈은 양날을 가진 칼과 같다.

돈은 우리에게 다양한 선택권을 줄 수 있다. 돈이 있음으로써 선택의 폭이 넓어지고 하지 않아도 되는 수고나 고생을 피할 수 있다. 그래서 없는 것보다는 있는 것이 좋다는 말은 틀린 것이 아니다. 하지만 우리는 필요한 돈이 어느 정도인지 혼란을 겪고 있다. 평생 놀고먹어도 되는 엄청난 돈이 있는 사람과 그렇지 못한 사람 중에 누가 더 행복한지 알 수 없는 것이다. 전자 중에도 자살을 하고 비참하게 생을 살아가는 사람이 많기 때문이다.

인간은 어느 정도의 돈과 어느 정도의 인간관계, 어느 정도의 건강이면 충분히 행복할 수 있다. 그러나 우리는 언제나 그 이상을 원한다. 이것이 불행의 시작점이다. 다시 말해, 이러한 욕심이 '소유를 통한 행복'이라는 잘못된 행복을 좇게 만들었고, 그 결과 인간의 삶은 편리해지고 윤택해졌지만 여전히 더 많은 부와 행복을 갈구하다 불행해지게 되었다.

이러한 사실은 세계 최강국 미국 국민들의 행복 지수를 조사한 연구 결과를 통해서도 분명하게 드러난다. 이 조사 결과를 살펴보면, 미국이 세계 최강의 부자 나라가 된 이후에도 미국 국민들의 행복 지수는 더 나아지지 않았다. 이러한 결과는 한마디로 더 많은 부를 성취한다고 행복의 증진으로 연결되지는 않는다는 것이다.

생활고에 시달리는 사람에게는 가난으로 인한 고통을 없애는 데 돈이 필요하다. 이때 돈은 고통의 해결책 중 하나일 뿐 행복의 절대 조건은 아니다. 폐렴에 걸린 사람에게 가장 시급한 일은 폐렴을 치료하는 것이다. 하지만 폐렴을 완치했다는 것과 건강하다는 것은 차이가 있다. 병을 치료했다는 것과 건강한 삶을 산다는 것 사이에는 분명한 간극이 존재한다.

이렇듯 행복의 조건과 고통의 해결책은 엄연히 다르다. 하지만 많은 사람들은 고통의 해결책이 행복의 조건과 동일하다고 착각을 한다. 폐렴 환자가 폐렴을 완치하여 병원 문을 나서는 순간이 과연 건강한 상태일까? 그 사람이 건강한 삶을 살아갈 것인지는 병원 문을 나서는 순간부터 어떠한 생활을 하는지에 따라 결정된다. 마찬가지로 우리가 행복한 삶을 살아갈 것인지는 고통이 해결되고 나서, 예컨대 어느 정도 경제적인 문제가 해결되고 난 후 그때부터 어떻게 살아가느냐에 따라 결정되는 것이다.

또 다른 예를 들자면, 오랫동안 실직했던 사람이 회사에 취직했다고 해서 당장 부자가 될 수는 없을 것이다. 살아가는 데 필요한 일정한 수입이 들어올 조건을 만들었을 뿐이다. 그러므로 취직이 부자가 되는 절대적인 조건은 아닌 것이다.

이러한 사실을 간과한 채 고통의 해결책이 곧 행복의 조건이라고 생각한 사람이 있다. 〈이방인〉으로 유명한 알베르 카뮈Albert Camus다. 그는 행복의 조건을 다음과 같이 주장했다.

"많은 소득은 행복의 비결이다. 돈 없이 행복하다는 것은 영적 속임수다."

많은 소득은 행복한 삶을 사는 데 기본 조건은 될지언정 행복의 비결은 절대 아니다. 소득이 많고 건강한 사람이라면 누구나 행복해야 하지만 불행하게 살아가는 사람들이 너무 많기 때문이다.

특히 잊어서는 안 될 점은, 인간의 욕망은 수입이 증가함에 따라 더 빨리 더 많이 커지는 경향이 있다는 사실이다. 그래서 욕심이 작았던 사람도 가진 것이 좀 더 많아짐에 따라 소유욕이 점점 더 빨리 더 많이 커지게 된다. 그렇게 되면 욕망과 현실 간의 차이가 더욱 심해져서 마음이 초조해진다. 대니얼 카너먼Daniel Kahneman 교수는 이에 대해 다음과 같이 말했다.

"수입이 많아지는 만큼 욕망도 늘게 된다. 경우에 따라서는 수입보다 욕망이 더 빠르게 증가하여 불행에 이를 수도 있다."

〈왜 나는 내가 가진 것을 또 찾아다닐까How to Want What You Have〉의 저자

티모시 밀러Timothy Miller도 이와 비슷한 말을 했다.

"인간은 평생 자기가 갖고 싶어 하는 것을 거의 충분히 가졌다는 정직한 믿음 속에 산다. 그래서 아주 약간만 더 가지면 완벽한 만족감을 느낄 수 있으리라고 생각한다."

이런 의미에서 인간이 선택했던 '소유와 성취를 통한 행복'은 절대로 끝이 없는 행복이며 만족을 느낄 수 없는 행복인 셈이다. 인간은 채워지지 않는 욕망을 이루기 위해 소유를 늘려 가는 전략을 선택하게 되었지만, 가진 것이 더 많아졌음에도 여전히 부족하다고 느끼기에 불행하다.

누리는 행복,
좇는 행복

　　　인간은 행복해지기 위해 욕망의 충족과 목표
의 달성이라는 방법을 선택했지만 이것은 너무도 어리석은 짓이었다.
결코 욕망은 그 자리에 머물러서 기다려 주지 않을뿐더러, 거기에 다
다랐다 해도 이내 곧 저 멀리 앞서 가서 따라오라고 재촉한다. 그래서
인간은 욕망을 채우기 위해 앞만 보고 달리며 허상을 좇는 삶을 살고
있다.

　　이러한 시류에 편승하는 듯, 반대로 이러한 시류를 만든 주범이기도
한 듯 부자 되는 법에 관한 책들이 오랫동안 베스트셀러의 자리를 차
지하고 우리의 욕망을 부추긴다. 이러한 부류의 대표적인 책으로 나

폴레온 힐Napoleon Hill의 〈생각하라! 그러면 부자가 되리라〉를 꼽을 수 있다.

이 책의 프롤로그 제목은 아이러니하게도 "물질적인 부가 꼭 행복을 보장하지는 않는다"이다. 그는 자신의 책 서문에서 다음과 같은 사실을 명확하게 밝히면서 부자가 되는 법에 대한 책을 쓴 것이다.

"나는 이 책에서 인생을 어떻게 살아야 한다는 이야기 따위는 하지 않을 생각이다. 하지만 부자와 빈자 양쪽을 모두 관찰해 본 결과, '물질적인 부가 꼭 행복을 보장하지는 않는다'는 사실만은 꼭 알려 주고 싶다.

나는 지금껏 타인에게 유익한 도움이 되는 일을 하지 않으면서 진정으로 행복하다는 사람을 보지 못했다. 또한 많은 사람들이 물질적인 면은 풍족하지만 행복을 느끼지 못하고 있는 것도 알게 되었다. 따라서 나의 의도는 이러한 관찰 결과를 설교하는 것이 아니라, 너무나 풍족한 물질적인 부 때문에 그것을 당연시하는 사람들에게 일침을 주고, 앞에 언급한 무형無形의 부를 통해서만 얻을 수 있는 인생의 귀중한 면을 깨닫게 하는 데 있다."

그의 말은 진실에 가깝지만, 안타까운 것은 그 책을 읽는 사람들은 더욱더 부자가 되기를 갈망할 뿐이라는 사실이다. 힐의 집필 목적은 철강왕 앤드류 카네기Andrew Carnegie의 요청에 따라, 부가 축적되는 철학을 발견하고 그것을 사람들에게 전파하기 위함이었다. 즉, 부자가 되는 방법과 생각에 대한 책인 것이다. 힐은 참된 부에 대해, 돈보다 더 중요한 인생의 열두 가지 재산에 대해 언급하기도 한다. 그러나 저자나 그 책을 읽는 사람이나 그 책을 통해 얻기를 바란 것은 바로 부자가 되는 법이었다.

이와 같은 종류의 책들이 베스트셀러에 올랐다는 점을 토대로 부자를 꿈꾸는 사람들이 매우 많다는 사실을 알 수 있다. 부자가 되어 이것도 갖고 저것도 갖고 싶어 안달하고, 출세하고 싶어 안달한다.

"이것만 성사되면…."

"저 차만 살 수 있으면…."

"저 아파트에 살게 되면…."

"로또에 당첨만 되면…."

"저 사람과 결혼만 하면…."

"취직만 되면…."

"승진만 하면…."

"합격만 하면…."

"성공만 하면…."

이렇듯 우리는 누리는 행복이 아니라 좇는 행복을 선택하며 살고 있다. 학업에 지친 학생들은 대학교에 합격만 하면 모든 일이 해결되고 행복해질 것이라고 생각한다. 하지만 실상은 그렇지 않다. 군인은 제대만 하면 행복해질 것 같고, 대학생은 좋은 회사에 취직만 하면 행복할 줄 안다. 처녀, 총각은 좋은 사람을 만나서 결혼만 하면 행복하게 살아갈 수 있을 것이라고 생각한다. 그러나 막상 결혼을 하고 나면 경제적으로 안정되고 자녀 문제가 없다면 행복해질 것이라고 생각한다. 또 중년 나름대로, 노년 나름대로 무언가 소망하는 것이 있다. 하지만 이러한 것들은 욕망의 다른 표현일 뿐이다.

왜 우리는 아무 걱정 없이 공부에만 전념할 수 있었던 학창 시절에 행복하지 못했을까? 또 처녀, 총각 때는 가족을 부양해야 하는 의무도 없이 인생을 즐길 수 있는 시기가 아닌가? 사랑하는 사람과 결혼을 해서 단란한 가정을 꾸릴 때는 또 어떤가? 커 가는 아이들의 모습에서 삶의 의미와 기쁨을 찾을 수 있지 않은가?

각각의 시기에 그때만 누릴 수 있는, 유효 기간이 매우 짧은 하루하루의 행복을 만끽하며 살고 있는가? 그러나 대부분의 사람들은 어렸을 때는 빨리 어른이 되고 싶어 하며 그때의 행복을 놓치고, 늙어서는 젊었을 때를 그리워하며 노년의 행복을 놓치고 살아간다. 이러한 인간들에게 쇼펜하우어는 다음과 같이 경고한 바 있다.

"행복하려면 한계를 두어라!"

행복하려면 적당한 선에서 멈추어 욕심을 버려야 한다. 한마디로 말해 과유불급過猶不及, 즉 마음의 욕심에 선을 그어야 한다는 의미다.

지나친 것은 부족함보다 못하다. 행복도 너무 지나치면 행복에 대하여 감사하는 마음, 귀히 여기는 마음이 없어지게 되며 행복에 대한 과한 욕망은 우리를 불행한 길로 이끄는 화근이 된다.

현재 우리나라의 경제 수준은 가장 적당한 수준이라고 할 수 있다. 2007년에 1인당 국민총소득GNI이 2만 달러를 한 번 돌파하고 그 후 몇 년 동안 떨어지다가 다시 또 돌파했는데, 문화인류학자들의 이론에 따르면 2만 달러 정도가 살기에 가장 적당한 경제 수준이라고 한다. 그러나 다른 나라들과 행복 지수를 비교·조사한 결과를 보면 한국은 그렇게 행복한 나라가 아니다.

이러한 현상에 대해 서울대 의대 교수인 이시형 박사는 다음과 같이 말한다.

"우리나라 사람들이 이렇게 덜 행복하다고 느끼는 이유는 아직도 산을 오르는 사람의 심정으로 살고 있기 때문이다."

산을 오르는 사람들은 대부분 한 가지 생각만으로 가득 차 있다. 바로 정상에 도착해야 한다는 강박관념이다. 산을 오르는 과정을 즐기지 못하고 다른 사람보다 더 빨리 정상에 오르겠다는 경쟁 심리에 따른 욕심과 집착 때문이다.

스스로 성취감과 소유욕을 떨쳐 내기가 매우 힘들지만, 한편으로 소유와 성취에 한계를 두는 사람은 바보로 낙인찍히기 일쑤다. 그런 까닭에 우리는 끊임없이 노력하고 성취하고 소유해야 하는 행복론을 선택한다. 그러나 이러한 악순환에서는 결코 진정한 행복을 누릴 수 없고, 행복을 찾았다 해도 제한된 정도일 뿐이다.

불행한 사람은 행복한 사람보다 현명하지 못하다. 우리의 뇌는 가장 바람직한 상태인 행복하고 건강할 때 가장 잘 기능하도록 되어 있기 때문이다. 이시형 박사는 우리가 스트레스를 받고 하루하루 바쁘게 사는 것은 뇌 과학적으로 노르아드레날린 시대를 살고 있는 것과 같다고 했다. 그것은 무엇인가를 획득하고 치열하게 경쟁하는 삶 속에서 심한 스트레스로 인해 우리의 뇌가 방어적인 자세를 취하는 형태로 살아가는 것을 말한다.

노르아드레날린의 삶에서는 창조성이 발현될 수 없을 뿐만 아니라 지적 활동이 활발하게 일어나지도 않는다. 그래서 행복한 사람들은 더욱더 여유를 누리면서 창조적이고 지적인 사람으로 진화되지만, 그 반대편에 있는 사람들은 더욱더 바쁘고 힘겨운 삶을 살아갈 수밖에 없는 것이다. 당연한 일이겠지만, 최근 연구 결과에 의하면 행복한 사람이 문제 해결력도 높다고 한다.

알게 모르게 '소유를 통한 행복'을 지향한 탓에 갈수록 경쟁이 심해지고 승자가 모든 것을 차지하는 승자 독식 사회로 나아가고 있다. 분명 인간은 이런 사회를 원하지 않았는데도 말이다. 늦었지만 다행히도, 경제 성장이 행복을 이루어 주지 않는다는 사실에 많은 사람들이 동조하기 시작했다. 그래서 큰 부와 명예를 거머쥔 사람들 중에 나눔을 실천에 옮기는 일이 벌어지고 있다.

행복 능력 결핍증, 앤히도니어

　　　　　　　많은 현대인들이 다양한 신경성 증상을 호소하고 있다. 여행을 하던 중에 아주 멋진 풍경을 본 뒤 갑자기 머리가 아프며 숨을 잘 쉴 수가 없고 가슴이 막히는 격렬한 고통을 호소하는 사람들이 있다. 심리학에서는 이를 '행복 불감증' 또는 '무쾌감증', 즉 '앤히도니어anhedonia'라고 한다.

　아름다운 풍경을 눈앞에 두고도 오롯이 즐기지 못하는데, 그 풍경을 즐기며 감상할 수 없도록 하는 방해물이 내면에 존재하기 때문이다. '이 아름다운 풍경을 앞으로 다시는 못 보게 되면 어떻게 하나' 하고 염려하며 두려워하는 마음이 즐기고자 하는 마음을 압도해 버려 행복감이 아닌 통증을 느끼는 것이다. 이런 사람은 현재의 행복을 놓칠 뿐만 아니라 미래의 행복 유지에 대한 염려와 행복 소멸에 대한 두려움으로 불행한 나날을 보낸다.

그런데 이는 현대인의 모습 그대로다. 자각하지 못할 뿐, 지금의 자유와 평화를 제대로 누리지 못한 채 소유한 것을 잃어버릴까 전전긍긍하며 미래를 걱정하며 지내는 삶, 이것이 바로 앤히도니어다. 행복할 수 없는 능력 또는 행복할 능력이 없는 것을 뜻하는 앤히도니어는 '소유를 통한 행복'과 일맥상통한다.

이러한 행복은 인간으로 하여금 단 한 가지 생활 방식을 선호하게 만들었다. 그것은 바로 '행복함으로 사는 인생이 아닌 행복을 좇고 무엇인가를 소유하기 위해 살아가는 방식'이다. 그래서 행복하지 못한 인간은 행복하지 못해 안절부절못하고, 행복한 인간은 행복을 누리지 못하는 자신 때문에 또한 안절부절못하는 것이다.

결국 행복으로 살아가는 삶이 아닌 행복을 소유하고 쟁취하기 위한 경쟁으로 살아가는 삶을 선택한 인간은 그로 인해 더욱더 불행해졌다고 말할 수 있다. 좀 더 많은 행복을 위해 자신의 행복을 스스로 희생시키는 그러한 방식을 선택하며 살아가고 있다. 그래서 물질의 소유와 성공의 수단으로 대표되는 것, 즉 '일'이 없는 인간은 안절부절못하고 '일'이 있는 인간은 일 때문에 쫓기느라 안절부절못하며 살아가게 되었다.

다시 말해, 경쟁이라는 우상을 만들고 그 우상을 숭배하며 스스로 경쟁이라는 철학과 개념에 오염된 채로 살아가게 된 것이다. 그것이 바로 현재 우리의 모습이다. 그것은 우리로 하여금 행복 그 자체보다 경쟁에서 승리할 수 있는 일에 매진하며 살아가게 만들었다. 그래서 우리는 '생존 경쟁', '출세 경쟁', '부자 경쟁', '인기 경쟁', '파워 경쟁'이라는 경쟁의 개념에 매달려 살게 되었고 경쟁 사회, 경쟁 체제를 스스로 숭배하게 되었다.

행복과 경쟁은 차원과 속성이 다른 개념이기 때문에 경쟁 사회에서 행복은 설 자리가 없다. 그러므로 경쟁 사회 속에서 이기기 위해 살아가는 사람들이 행복하지 못한 것이 당연하다. 그러한 경쟁 속에서 용감하게 뛰쳐나올 수 있는 사람만이 행복 속으로 들어갈 수 있는 것이다.

인간은 행복하기 위해 행복이 아닌 경쟁을 선택했다. 경쟁을 통해 이겨야만 더 많은 것을 소유할 수 있기 때문에 인간이 선택한, 소유를 통한 행복은 경쟁의 근간이 없으면 무너지게 된다. 따라서 경쟁을 토대로 경쟁의 삶을 살아가는 인간은 행복할 수 없는 것이다. 이것이 바로 인간이 불행한 가장 큰 원인이다.

우리가 선택한 행복은 정작 우리에게 행복을 가져다주지 못하는 행복이기에 행복은 우리 곁을 떠나 버리게 되었다. 그로 인해 인간은 행복을 찾기 위해 그토록 행복에 집착하게 되었다. 그 결과 삶의 목표와 궁극적인 도달점이 행복이 되어 버리고, 행복이 뭔지 제대로 경험하지 못한 채 하루하루 그 행복을 좇으며 살아가고 있다.

바쁠수록, 경쟁이 심해질수록, 더 많이 성공할수록 행복을 만날 수 있을 것이라는 기대를 가지고 있지만, 정작 마주하는 것은 행복이 아니라 불행의 씨앗이다. 오늘날 인간은 행복을 수단으로, 삶의 양식으로 삼아 살고 있지 않다. 단지 경쟁을 수단으로, 성공과 행복으로 가는 방편으로 삼아 살아가고 있다.

이것이 우리 현대인들의 슬픈 자화상이다. 우리는 행복이 아닌 경쟁을 선택했다. 아울러 그것이 행복으로 가는 길이라고 여기고 있다. 하지만 그것은 절대 행복으로 가는 길이 될 수 없다. 눈에만 보이는 신기루에 불과하다.

우리가 새롭게
선택해야 할 행복

"삶에서 가장 중요한 것은 행복이고, 지혜로운 사람은 삶을 행복으로 이끌며, 성공한 삶은 행복한 삶이다."

—아리스토텔레스

내 꿈은 대학교수가 되는 것이었다. 대학교수가 되면 무척 행복할 수 있을 것이고, 좋아하는 공부를 실컷 할 수 있을 것이고, 사회적인 지위도 어느 정도 보장이 될 것이고, 생계 문제도 해결될 것이라 믿었다. 하지만 대학교수가 된다고 해서 행복하다고 할 수 없다는 사실을 알게 되었다. 대학교수뿐만 아니라 의사, 변호사가 된다 해도 마찬가지라는 사실을 뒤늦게나마 깨달았다. 성공한 삶이 행복한 삶이 아니라 행복한 삶이 가장 성공한 삶이라는 사실을 깨달은 것이다.

아리스토텔레스의 말처럼 가장 성공한 삶은 가장 행복한 삶이어야 한다. 그리고 가장 행복한 삶은 소유를 통한 행복이 아니라 존재를 통한 행복이어야 한다. 우리는 외부의 조건, 소유가 아니라 우리 내면의 평화와 기쁨, 즐거움을 통해 행복해야 한다. 그것이 인간이 선택해야 할 새로운 행복이다.

아무리 돈을 많이 벌어도, 아무리 큰 명성을 얻어도, 아무리 큰 인기를 한 몸에 받아도 행복을 보장해 줄 수는 없다. 소유를 통한 행복이 참된 행복이 아니라 기쁨과 평화, 충만함과 즐거움으로 가득 찬 존재를 통한 행복이 참된 행복이기 때문이다.

인간이 선택해야 할 행복의 기준은 '우리가 무엇을 성취해 냈느냐'라는 과거형이 아니라 '우리는 어떻게 살아가고 있느냐'라는 현재형이다. 그래서 그 사람이 행복한지 불행한지는 현재 그 사람이 소유한 것을 통해 알 수 있는 것이 아니라 그 사람의 존재 상태를 통해 알 수 있어야 바람직하다.

인간의 존재 상태를 결정짓는 것은 한 가지에 국한되지 않는다. 건강, 가족관계와 인간관계, 사회적·경제적 안정, 자아실현, 욕구 충족 등 다양하다. 하지만 이 모든 상태를 초월할 수 있는 것이 바로 인간의 마음 상태다. 마음은 현재 자신에게 주어진 환경이나 삶의 조건보다, 사회적 관계보다 더 중요하다. 마음은 인간의 존재를 가장 정확히 대

변해 줄 수 있는 요인이다.

몸이 온전하지 못해도 마음을 다잡은 사람은 행복할 수 있다. 그 사람은 몸보다 마음이 더 많이 존재의 상태를 대변하기 때문에 몸이 온전하지 못해도 기쁘고 온전한 마음을 가진 존재라면 행복할 수 있다. 또한 원만한 인간관계를 맺지 못하는 고립된 여건에 있는 사람이라도 마음을 붙잡으며 누구보다 더 충만한 삶을 살아가는 존재가 될 수 있다.

한 예를 들면, 6세기 로마 시대의 보에티우스Boethius는 억울한 누명을 쓰고 사형수가 되어 화려한 삶을 송두리째 빼앗기고 말았다. 권력, 부, 학식, 명예, 행복한 가정, 화려한 출신 배경, 귀족층의 특권을 가졌던 한 인간이 정적의 모함으로 한순간에 이 모든 것을 빼앗기고 옥에 갇히게 된 것이다. 보통의 사람이라면 분노와 억울함, 허망함에 치를 떨며 감옥 안에서 죽어 갔을 것이다. 하지만 그는 그곳에서 모든 관계의 단절과 최악의 상황을 넘어서는 명저, 〈철학의 위안〉을 쓴 위대한 철학자로 거듭났다. 〈철학의 위안〉은 성경 다음으로 많이 읽히고 세계적인 거장들에게 많은 영감을 준 책으로 평가받고 있다.

보에티우스가 좌절과 절망의 불행 속에서 벗어나 글을 쓸 수 있을 만큼 평안을 되찾게 해 준 것은 바로 마음이었다. 마음을 다잡지 못했다면 그는 절망으로 죽는 날만을 기다리며 무기력하게 인생을 포기하고 말았을 것이다. 하지만 그는 마음을 잡고 다시 평상심으로 돌아왔던 것이다. 이를 통해 볼 때, 우리에게 주어진 환경이나 여건, 사회적 관계보다 더욱 중요한 것은 마음 상태라고 할 수 있다. 인간이 행복해지는 데 마음보다 더 중요한 것은 아무것도 없다.

반대로, 마음을 제외하고 인간이 행복해지기 위한 조건을 따져 보면 수만 가지가 있다. 하지만 욕심을 버리고 마음을 비우며 존재로서의 행복을 선택하면 그 수만 가지 조건은 아무런 필요가 없다. 그러한 것들에 좌지우지되지 않는 참된 행복을 누릴 수 있게 되는 것이다. 존재를 통한 행복의 결정적인 요인은 외부 조건들로부터 시작되는 것이 아니라 우리의 내면, 즉 마음속으로부터 시작된다.

"행복을 찾으려고 하지 말고 행복함으로 살아라."

이것이 우리가 새롭게 선택해야 할 행복이며 이 책이 제시하는 성공의 비결이다. 그리고 이 책이 현대인들에게 주문하는 생활 방식 중의 하나다. 무엇을 하느냐, 무엇을 찾았느냐, 무엇을 소유했느냐가 아니라 어떻게 살아가고 있느냐가 중요한 시대인 것이다.

경제학자와 미래학자들은 지금까지 소유가 중요했다면 앞으로는 경험, 체험이 중요한 시대라는 것을 이미 깨닫고 주장하고 있다. 비즈니스의 세계에서 세계적인 기업들도 이제는 하드웨어를 파는 것보다 사용하고 체험할 수 있는 소프트웨어를 파는 것이 더 많은 이익을 창출한다는 것을 잘 알고 있다.

그런 사례로, 소유 중심의 개념을 토대로 한 하드웨어 판매 전략만 고수한 기업들을 놀라게 한 애플의 '아이폰'을 들 수 있다. 애플의 아이폰은 하드웨어인 아이폰을 판매한 수익보다 오히려 아이폰과 함께 팔 수 있는 스마트폰 전용 애플리케이션인 앱의 판매를 통해 더 큰 수익을 올리고 있다. 게다가 전 세계인들이 날마다 아이폰을 체험하도록 자연스럽게 유도하면서 애플의 충성 고객을 만들어 가고 있다.

행복도 마찬가지다. 우리에게 주어진 하드웨어라고 할 수 있는 삶의 조건은 태어날 때 어느 정도 정해져 있다. 게다가 때어날 때부터 그 하드웨어 중에 일부가 망가져서 사용하지 못하는 사람들도 적지 않다. 그래서 출생 시 사용할 수 있도록 허용된 하드웨어의 범위는 단시일 내에 쉽게 바꿀 수 없는 것이 사실이다. 그러나 희망은 있다. 매우 제한적인 하드웨어를 가지고 태어난 사람이더라도 인생의 소프트웨어라고 할 수 있는 경험을 통해서 자기에게 주어진 하드웨어를 능가하는 삶을 살 수 있다.

주어진 자원과 하드웨어가 아무리 보잘것없어도 그 이상의 더 나은 삶을 얼마든지 누릴 수 있다. 헬렌 켈러Helen Keller는 이를 가장 잘 보여 주었다. 그녀는 누구보다 제한적인 하드웨어를 가지고 평생을 살아가야 할 운명에 처했다. 듣지도 보지도 말하지도 못하는 삼중고의 장애를 지녔지만 그녀는 누구보다 더 풍성하고 가치 있는 삶을 살았다. 경험을 통해 사고의 유연함을 향상시키고 소프트웨어를 최대한 활용한 덕분이다.

제한적인 하드웨어를 가지고 태어났든, 삶의 중간에 하드웨어가 망가졌든 마음먹기에 따라서 충분히 극복할 수 있다. 하드웨어를 뛰어넘는 삶을 가능하게 해 주는 인생의 소프트웨어는 바로 경험과 체험을 통한 사고의 성장과 유연함, 즉 마음 상태라는 점을 다시 한 번 강조하고 싶다. 어떠한 상황의 삶을 살고 있다 해도 마음의 변화와 선택과 결단을 통해 보다 나은 존재로 나아갈 수 있고 행복을 누릴 수 있다.

"행복은 소유가 아니라 마음에 달려 있다."

그러므로 우리는 행복을 찾으려고 하지 말고 행복함으로 살아가기 위해 마음을 바꾸어야 한다. 그것이 올바른 삶, 바람직한 삶, 가치 있는 삶이다. 행복을 찾으려고 하는 것부터가 큰 잘못이다. 행복은 자신의 존재를 통해 누려야 하는 것이지 외부에서 찾을 수 있는 것이 아니기 때문이다. 마음을 비우고 기뻐하며 살 때, 행복은 저절로 우리의 삶에서 생성되어 흘러나온다.

흐르는 강물은 앞을 다투지 않으며 낮은 곳으로 흘러갈 뿐이다. 그러면서 누군가를 위해 자신의 자리를 비워 준다. 흐르는 강물을 통해 우리는 참된 존재로서 행복을 누리는 실마리를 발견할 수 있다. 마음의 욕망을 비우고 타인을 위해 자신의 자리를 비워 줄 때 우리는 참된 행복을 누리게 된다. 인간은 사회적 동물이기 때문에 타인과 사회를 위해 헌신할 때 가장 이상적인 상태가 되고, 그러한 상태가 되어야 가장 큰 행복을 누리게 되는 것이다.

이는 받는 것보다 주는 것이 더 행복한 이유가 된다. 우리가 가진 재능과 물질, 시간을 타인을 위해 쓸 때 가장 큰 행복을 느낄 수 있고, 바로 그때 가장 좋은 상태의 인간으로서 존재할 수 있다.

존재를 통한
행복

욕망이 있는 사람들은 바람직한 존재 상태를 가로막는 욕망 때문에 존재를 통한 행복을 누릴 수 없다. 또한 욕망 대신 비뚤어진 자아 이미지를 가지고 있어도 참된 행복을 누릴 수 없다. 신체의 병과 마찬가지로 마음의 병도 치료해야만 행복할 수 있다. 무엇을 통해 행복을 느끼든 최종 관문은 마음의 작용을 통과해야 하기 때문이다.

행복을 제대로 누리기 위해서는 잘못된 마음을 고쳐야 하는데, 마음의 치료를 위해서는 자아 회복이 우선되어야 한다. 그래야 비로소 '존재'를 통한 행복이 가능해진다. 훌륭한 삶을 살아가는 데 건강한 몸과 마음이 필요하듯, 바람직한 행복을 선택하고 선택한 행복을 누리기 위해서는 긍정적인 자아 이미지와 자아 회복이 필요하다.

맥스웰 몰츠Maxwell Maltz 박사는 자신의 책, 〈사이코 사이버네틱스 psycho-cybernetics〉를 통해 개인의 자아 이미지가 가장 중요한 요소이며, 모든 심리치료의 목표는 이것을 바꾸는 데 있다고 역설했다. 그리고 이러한 개인의 자아 이미지를 개선하는 시작점은 자신에 대한 생각의 변화라고 말한다. 가장 큰 문제는 마음이 건강하지 못하고 상처투성이인 사람, 즉 마음이 병든 사람일수록 자신에 대한 부정적인 생각이 강하다는 것이다. 자신에 대한 부정적인 생각은 자신을 행복한 자아로 변화시키는 데 가장 큰 장애가 된다.

이런 사람들은 욕망으로 인해 존재를 통한 행복을 누리지 못할 수도 있지만, 상처 받고 병든 마음 때문에 스스로 부정적인 자아 이미지를 형성하게 되고 그로 인해 존재를 통한 행복을 누리지 못할 수도 있다. 어쨌든 우리는 이 두 가지 어려움을 이겨 내고 존재를 통한 행복을 추구해야 한다.

이 어려움들을 극복하는 방법은 자전거 타는 법을 배우는 아이처럼 자신의 마음을 바꾸는 연습을 매일 하는 것이다. 자전거 타는 연습을 할 때, 처음에는 누군가의 도움을 받다가 그다음에는 도움을 주던 사람이 손을 놓아 혼자 나아가다가 넘어지기도 한다. 그런데 짧은 순간이지만 혼자서 자전거를 타고 앞으로 나아갔다는 사실이 중요하다. 또한 이런 과정들이 모여서 결국에는 혼자 자전거를 탈 수 있게 되는 것이다.

행복도 마찬가지로 연습이 필요하다. 이런 노력을 한다면 처음에는 의식적으로 하루에 한 번 정도 행복을 누릴 수 있을 것이다. 그리고 그다음에는 두 번, 세 번… 행복을 맛볼 수 있고 이것이 모여서 나중에는 행복함으로 살아갈 수 있게 된다. 그러므로 처음에 단념하지 말고 계속 연습하다 보면 어느 순간 행복함에 빠져서 즐거워하는 자신을 발견하게 될 것이다.

러시아의 대문호 톨스토이는 이러한 사실을 다음과 같은 간결한 문장으로 표현한 바 있다.

"행복해지기를 원하는가? 그러면 행복하면 된다."

그가 전하고자 한 것은 행복하기 위해 다른 소유나 조건이 필요한 것이 아니라 현재 자신의 존재를 통해 그저 행복하기만 하면 된다는 사실이다. 다른 말로 하면, 행복해지는 데 어떠한 물질이나 명예도 필요하지 않다는 것이다. 존재하는 자기 자신이 행복해질 수 있는 모든 조건이다.

그냥 행복하면 되는데 인간은 그 방법을 망각하고 소유를 통한 행복을 좇고 있다. 삶 속에 무한정으로 숨어 있던 행복을 잃어버리고 불행한 삶을 살아간다. 랠프 왈도 에머슨Ralph Waldo Emerson의 말처럼 우리 내면으로부터의, 즉 존재를 통한 행복을 잃어버리면 우리는 영원히 행복할 수 없게 될 것이다.

"우리 모두는 인생의 나그네, 아름다움을 찾아 길을 나섰네. 그러나 우리 스스로가 아름다움을 갖추고 있지 못하다면 그 아름다움은 영영 찾아낼 수가 없으리니."

버트런드 러셀Bertrand Russell도 '존재를 통한 행복'에 대해 잘 알고 있었다. 그는 〈행복의 정복〉에 다음과 같이 썼다.

"행복한 사람은 자신이 우주를 구성하고 있는 한 성원임을 자각하고 우주가 베푸는 아름다운 광경과 기쁨을 누린다. 행복한 사람은 자신의 뒤를 이어 태어나는 사람들과 동떨어진 존재가 아니라고 생각하기 때문에 죽음을 생각할 때도 괴로워하지 않는다. 마음속 깊은 곳의 본능을 좇아서 강물처럼 흘러가는 삶에 충분히 몸을 맡길 때, 우리는 가장 큰 행복을 발견할 수 있다."

그의 말처럼 존재 그 자체를 인식하고 흘러가는 강물처럼 살면서 우주가 베푸는 아름다운 광경과 기쁨을 누려야 한다. 존재함으로 인해 기뻐하고 즐거워할 줄 아는 사람이 참된 행복을 발견하고 느낄 수 있는 것이다.

살면서 어린 시절만큼 행복한 시기가 있을까? 많은 사람들은 어린아이였을 때가 인생에서 가장 행복했다고 말하곤 한다. 그 이유는 무엇일까?

철모르는 어린 시절에는 미래에 대해 걱정을 하지 않고 현재에만 오롯이 집중할 수 있다. 아이들은 과거에도 연연하지 않고, 지금 자기 손에 들려 있는 장난감에 만족하고 거기에 몰입한다. 이것이 바로 그들이 행복할 수 있는 첫 번째 이유다. 반면에 어른들은 과거에 대한 집착과 미래에 대한 걱정으로 행복을 느끼지 못한다.

많은 것을 소유한 어른들에 비해 아이들은 그만큼 가지지 않고도 행복을 느낀다. 행복의 두 번째 이유, 즉 존재함으로 기뻐할 수 있는 능력이 있기 때문이다. 하지만 자라면서 경쟁과 소유를 배우고 늘 더 많은 것을 차지하기 위해 공부를 하고 일을 한다. 심지어 노는 것도 더 많은 기쁨을 소유하기 위해서다.

분명한 사실은 어린아이처럼, 무엇인가를 더 소유하기 위해서가 아니라 그냥 노는 것, 사는 것을 즐기는 능력이 회복되어야 행복하게 살아갈 수 있다는 것이다. 그렇지 않다면 이 세상의 모든 것을 손에 쥐어 주어도 어린아이 때보다 더 행복해질 수 없을 것이다.

행복과 욕망의 상관관계

위대한 학자나 선인들이 깨달은 최고 행복은 어떤 것일까? 그 답을 찾기에 앞서 위인들이라 하더라도 한 가지 주제에 대해 서로 상반된 주장을 한 경우가 비일비재하다는 사실을 이해해야 한다. 누구는 인생이 살 만하다고 한 반면, 누구는 인생을 고해라고 하지 않았던가.

행복에 대해서도 마찬가지인데, 행복에 대한 장밋빛 청사진보다는 반대의 주장을 먼저 살펴보자. 이는 행복에 대한 균형 잡힌 시각과 폭넓은 이해를 위해서 필요한 과정이라고 생각한다.

가장 치명적인 주장으로 손꼽히는 프로이트의 말부터 소개한다.

"인생의 목표는 행복의 추구이며, 행복은 욕망을 충족하는 것이다."

나는 프로이트의 주장에 '절대 그렇지 않다'고 반대하는 입장이다. 감히 장담하건대 욕망 충족으로는 절대 행복해질 수 없고 그 행복이 오래 유지될 수도 없다는 것이 내 생각이다. 욕망 충족이라는 방법으로 맛볼 수 있는 행복은 순간의 쾌락과 같이 일시적인 것에 불과하다.

다행스럽게도 현대의 심리학자들은 프로이트의 주장이 행복에 이르는 참된 길이 될 수 없다는 사실을 발견했다. 또한 이들은 참된 행복의 삶이 욕망 충족과는 전혀 상관이 없는 사랑과 신뢰, 기쁨과 감사가 가득한 인간관계와 매우 밀접한 관련이 있다는 사실을 발견했다. 더 놀라운 것은 자기 자신의 욕망 충족이 아니라 다른 사람들을 기쁘게 해 줄 때 스스로 더 큰 기쁨을 맛볼 수 있다는 사실이다.

그래서 심리학자들은 오랫동안 다음 문제를 궁금해했다.

"왜 인간은 타인을 행복하게 해 줄 때 가장 큰 기쁨을 누리고 행복해지는 것일까?"

욕망과 행복의 상관관계를 연구해 온 경제학자들과 심리학자들은 욕망을 충족한다고 해서 행복의 증진을 가져오지는 않는다고 결론 내렸다. 최근의 연구 결과와 전문가들의 주장, 그리고 수많은 사례들을 통해 볼 때 프로이트의 생각은 옳지 않은 것으로 밝혀졌다. 행복할 수 있는 비결은 욕망을 충족하는 것이 아니라 반대로 욕망을 걸러 내는 것이라는 데 의견이 모아지고 있다.

중세 페르시아의 대시인인 하피즈Hāfiz는 정확히 프로이트와 반대되는 명언을 남겼다.

"당신의 욕망을 모두 걸러 내면 당신은 두 가지에만 집중하게 될 것이다. 그것은 더 많이 사랑하고 더 많이 행복해지는 일이다!"

행복하려면 욕망을 버리라는 하피즈의 말에 필자는 전적으로 동의한다.

"탐욕과 행복은 서로를 본 적이 없는데 어떻게 잘 아는 사이란 말인가."

이는 벤저민 프랭클린Benjamin Franklin의 말이다. 그 역시 탐욕과 행복은 아무 관계가 없다고 강조했다.

그리스의 철학자 에피쿠로스Epicouros는 "작은 것에 만족하지 못하는 사람은 그 무엇에도 만족하지 못한다"고 하며, "만족은 부를 누리는 데 있지 않고 욕망을 줄이는 데 있다"고 역설했다.

영국의 철학자이며 〈행복의 정복〉이라는 행복 지침서의 저자인 버트런드 러셀은 자기도 한때는 행복한 사람이 아니었으며, 늘 자살할 생각을 품고 있었던 사람들 중에 한 명이었으나, 삶을 즐기는 비결을 발견하고 체험하여 터득하게 되었다고 한다. 무엇보다 그가 삶을 즐기게 된 주된 비결은 자신에 대한 집착을 줄이는 것이었다. 자신에 대한 집착의 결과는 바로 더 많은 탐욕과 욕망의 충족이라고 할 수 있다. 이러한 집착에 매여 있는 사람은 아무리 많이 가져도 행복할 수 없다는 것이 문제다.

"부자들 자신이 불행하다면 사람들을 부유하게 만들어 봐야 무슨 소용이 있겠는가."

러셀은 행복이 우리 곁을 떠나는 여러 가지 이유 가운데 집착과 경쟁의 철학, 질투와 죄의식, 걱정 등을 거론했다. 그리고 행복으로 가는 길 중의 하나를 다음과 같이 표현했다.

"행복의 비결은 되도록 폭넓은 관심을 가지는 것, 그리고 관심을 끄는 사물이나 사람들에게 적대적인 반응을 보이는 것이 아니라 되도록 따뜻한 반응을 보이는 것이다."

그는 또한 이렇게 말하고 있다.

"원하는 것을 어느 정도 가지지 못하는 것이 행복을 위해서는 필수적이다."

욕망의 충족이 아니라 오히려 가지지 못함으로써 행복을 느낄 수 있다는 말이다. 다시 말해, 부자가 아니라도 타인에 대한 관심과 삶에 대한 열정을 통해 더 큰 행복을 느낄 수 있다는 것이다.

러셀이 말하는 행복으로 가는 길에는 열정, 사랑의 기쁨, 일하는 것, 폭넓은 관심 등이 존재한다. 이러한 것들은 욕망의 충족보다는 인간답게 살아가는 과정을 통해 우리가 터득할 수 있는 삶의 자세와 더 가까워 보인다.

"행복한 사람들은 지진을 만나도 지식이 더 늘어났다며 즐거워한다."

이렇게 말한 영국의 탐험가 새뮤얼 헌Samuel Hearne은 〈코퍼마인 강으로 떠난 여행〉에 스스로 겪은 일을 적었는데, 그는 여행을 떠난 지 며

칠 되지 않아 인디언 도적 떼를 만나 짐을 모두 빼앗기고 말았다. 그런 일을 겪고 나서 그는 다음과 같이 말했다.

"짐이 훨씬 가벼워져서 다음 날부터는 여행이 더 즐거워졌다."

이와 비슷한 예로, 영국의 한 성직자는 집에 도둑이 들었던 일에 대해 다음과 같이 표현했다.

"내 집에 도둑이 들었다. 어떻게 되었을까? 도둑은 내게 해와 달, 불과 물, 사랑하는 아내와 나를 위로해 줄 많은 친구들을 남겨 놓았다. 나를 달래 줄 사람들이 남아 있어 나는 여전히 그들과 이야기를 나눌 수 있다. 그리고 내가 허락하지 않는 한 누구라도 내 즐거운 표정과 기쁨에 찬 영혼과 바른 양심을 가져갈 수 없다. 즐거움을 누리려면 많은 것이 필요하다고 하는 사람은 쉽게 슬픔에 빠진다. 그는 까다로움 때문에 모든 기쁨을 잃고 가시덤불 위에 앉으려는 사람이다."

이처럼 우리가 행복하게 살아가는 데는 물질적으로 많은 것이 필요하지 않다. 러스킨의 표현을 빌리자면, "옥수수가 자라는 것을 보거나 꽃이 피는 것을 보는 것, 보습이나 가래로 일을 하며 거친 숨을 내쉬는 것, 책을 읽는 것, 생각하는 것, 사랑하는 것, 기도하는 것 등은 모두 인간을 행복하게 만드는 것들"이다.

자신에게 주어진 삶에 만족하는 사람은 그만큼 더 행복하게 살 수 있다. 노자도 이와 비슷한 말을 했다.

"만족을 모르는 것이야말로 가장 큰 화근이다."

수천 년 전 현인의 생각과 지금 이 시대의 행복의 비결이 한 맥락이라는 것이 놀라울 따름이다.

미국 코넬대학 심리학 팀의 연구에 따르면 은메달리스트보다 동메달리스트가 더 행복하다고 한다. 연구 팀은 1992년 바르셀로나 올림픽 메달리스트들의 얼굴 표정을 분석하여 이러한 결론을 내렸다. 동메달리스트들의 행복 지수는 7.1인 데 반해 은메달리스트들의 행복 지수는 4.8에 불과했던 것이다.

왜 그럴까? 한마디로 행복은 마음의 만족 순이기 때문이다. 연구 팀은 그 이유를 동메달리스트들이 자신이 획득한 메달에 대해 더 큰 만족을 느끼기 때문이라고 했다. 은메달리스트들은 조금만 더 잘했더라면 금메달을 딸 수도 있었다는 사실에 대해 아쉬워하고 후회를 하며 자꾸 금메달리스트와 자신을 비교하게 된다. 결과에 만족할 수 없으니 기쁨을 느끼지도 못한다. 반면에 동메달리스트들은 자신이 조금만 더 못했더라면 혹은 상대가 조금만 더 잘했더라면 노메달 신세가 될 뻔했음을 알고, 동메달에 만족하며 매우 기뻐했다.

이를 통해 부자들이 반드시 행복하지 않은 것에 대한 해답을 얻을 수 있다. 만족하지 못한다면 아무리 많이 가진다 한들 부족하기만 할 것이고, 가진 것이 부족하더라도 만족할 줄 아는 사람은 항상 마음이 풍족하여 행복을 느낄 수 있을 것이다.

행복하고 싶다면 행복을 원하는 자기 자신을 버려야 한다. 행복을 갈망하는 마음을 버릴 때, 일체의 속박과 집착에서 벗어나 행복의 기쁨을 맛보게 된다.

노벨 경제학상을 수상한 프린스턴대학의 심리학자 대니얼 카너먼 교수가 주부 900명을 인터뷰 조사한 결과, 자녀를 돌보는 시간보다 TV를 시청하는 시간을 더 즐겁고 행복하게 느끼는 것으로 나타났다. 하지만 아이들이 다 커서 부모의 슬하를 벗어나면 그때야 비로소 혼자 쓸쓸히 TV를 보면서 아이들과 함께하던 시절이 더 행복했다는 사실을 깨닫게 될 것이다.

"행복은 지금 이 순간, 우리 일상의 소소함 속에 깃들어 있다."

행복은 지금 이 순간 우리가 성가시다고 여기는 일상생활에 숨어 있지만 그것을 미처 깨닫지 못한다. 또한 행복을 거창한 목표와 계획으로 알고 엄청난 노력과 값비싼 대가를 치러야 얻을 수 있다고 착각하곤 한다.

달라이 라마는 "행복은 마음의 수행을 통해서 발견할 수 있다"고 말했지만, 마음의 수행을 많이 하면 인격은 향상될 수 있을지언정 행복을 얻을 수 있는지는 의문이다. 오히려 행복하지 않고 고뇌로 가득 차 있다면 마음의 수행이 가능하지 않을까?

필자가 이렇게 주장하는 근거는 높은 차원의 수행을 하지 않은 사람들 중에 행복한 사람들이 많다는 것이다. 그 예로, 사모아 섬의 주민들은 도시 사람들보다 문명의 혜택을 누리지는 못하지만 행복은 더 많이 느낀다. 수백 년 동안 행복의 나라로 알려진 사모아 섬 사람들의 삶의 모습을 살펴보면 마음의 수행이나 고행과는 관련이 별로 없어 보인다. 이곳 사람들은 그저 행복함으로 살 뿐이다. 바로 이것이 소유가 아닌 존재를 통한 행복인 것이다.

사모아 섬 사람들이 행복한 것은 경쟁이 없는 사회, 욕심이 없는 사회, 미래에 대한 불안이 없는 사회에 살고 있기 때문이다. 주어진 삶을 그대로 받아들이고 그 속에서 즐거움을 맛보고 누릴 줄 아는 능력 덕분이다. 그들은 'Don't worry, be happy'란 말을 만들어 낸 주인공이기도 하다. 그들의 삶을 오랫동안 관찰하면서 함께 살았던 작가 로버트 루이스 스티븐슨Robert Louis Stevenson은 사모아를 '행복의 섬'이라고 불렀고, 그보다 일찍 그곳에 입성한 서양 선교사들은 한결같이 그들을 '부러울 정도로 행복에 안겨 사는 건강한 이방인들'이라고 소개했다.

"내일 당신이 누릴 행복의 상당 부분은 오늘 얼마나 행복한가에 달려 있다. 중요한 것은 하루해가 질 무렵 어떤 행복의 씨앗을 심을 것인가이다."

−어니 J. 젤린스키

우리가 모른 척했던 행복

평범한 사람들이 모른 척했고 실제로 몰랐던 행복의 비밀 중의 하나는, 내일의 행복은 우리가 내일 이루는 성공 여부에 달려 있는 것이 아니라 오늘 얼마나 행복한가에 달려 있다는 사실이다. 많은 사람들은 오늘의 행복이 미래 행복의 씨앗이 된다는 사실을 모른 채 씨를 뿌리지도 않고 행복이라는 열매를 얻기 위해 바쁘게 살아가고 있다. 바쁘게 열심히 사는 것이 행복의 씨앗은 아닌데도 사람들은 그렇게 철석같이 믿고 있다.

하지만 분명한 것은 지금 이 순간 행복하지 않다면 내일도 절대 행복할 수 없다는 사실이다. 앞서 말했듯이 자전거 타기처럼 연습을 통해 행복하게 사는 방법을 익힐 수 있으므로, 오늘 행복하지 못하다는 것은 연습을 하지 않았다는 것이며 이런 상태는 내일이 되어도 별반 다를 바가 없을 것이다.

요행이나 행운으로 일시적으로 기분이 좋아져서 행복한 것처럼 느껴지는 경우는 혼자 자전거를 탈 수 있게 되어 기쁨을 느끼는 것과는 다르다. 즉, 일시적인 행운은 다른 사람이 모는 자전거의 뒷자리에 앉아 있는 상태와 같다고 할 수 있다. 그러나 이런 무임승차로는 참된 행복을 느낄 수 없으며 이는 스스로의 생각과 행동을 통해 가능하다.

보통 사람들이 그토록 모른 척하면서도 알고자 했던 행복은 바로 지금 이렇게 우리가 살아 있고 존재함으로써 누리는 행복이다. 우리에게 주어진 오늘은 어제 세상을 떠난 이들이 그토록 살고 싶어 했던 내일이다. 우리 눈앞의 푸른 하늘은 헬렌 켈러가 그토록 보고 싶어 했던 하늘이고, 우리에게 주어진 자유는 수용소에 갇혔던 유태인들이 그토록 갈망했던 자유다.

우리는 자신에게 주어진 것을 쉽게 간과하고 행복마저도 지나쳐 버리기 일쑤다. 이와 반대로 삶 속의 행복을 발견할 줄 알았던 사람들, 가령 헬렌 켈러는 세상을 보지 못했음에도 "참으로 행복합니다"라고 말했다. 듣지도 보지도 못했던 헬렌 켈러는 평범한 사람들이 모른 척했던 행복을 잘 알고 있었으므로 누구보다 더 행복한 삶을 살았다.

"나의 삶은 행복하다. 훌륭한 친구들이 있고 하고 싶은 재미있는 일도 무궁무진하기 때문이다. 나는 내 한계에 대해 생각하지 않는다. 또

한계 때문에 슬퍼하지도 않는다."

빅토르 프랑클Viktor Frankl 박사도 수용소에서 가족들을 잃고 자기도 생사를 장담할 수 없는 처지에도 생명의 경이를 발견하고 감사할 줄 알았다. 그는 평범한 사람들이 모른 척했던 행복을 평범하지 않은 상황에 처해서야 비로소 발견했던 것이다.

우리가 모른 척했던 행복 중 하나는 살아 있는 한 행복할 수 있을 뿐만 아니라 살아 있다는 것 자체가 행복이라는 사실이다. 엄청난 불행 앞에서도 살아남기만 한다면, 비록 가족을 잃었다 해도, 재산을 잃었다 해도, 불의의 사고로 장애를 얻었다 해도 살아 있다는 것 자체가 큰 행복이라는 사실을 깨닫지 못하는 경우가 많다.

많은 사람들은 삶이 어둡고 긴 터널이라고 생각한다. 그래서 어려운 상황에 처했을 때 그것을 참고 이겨 내며 터널을 지나야만 찬란한 태양을 보게 될 것이라고 생각한다. 그 시절 또한 참된 행복을 누리며 즐겁게 살아갈 수 있다는 사실을 모르는 것이다.

필자는 인생이 어둡고 답답한 터널이 아니라 온갖 수중 생물을 감상하며 즐겁게 지날 수 있는 수중 관광 터널이라고 생각한다. 인생은 힘겹게 극복하며 지나야 하는 고통의 바다가 아니라 시시각각 즐길 수 있는 기쁨의 장소다. 행복한 삶은 고난이 없는 삶이 아니라 고난 속에서도 웃을 수 있는 삶이다.

가장 큰 행복,
지복

"하나가 되어라. 이것이 가장 큰 행복이며 행복의 비결이다."

"행복한 자는 스스로 주변 사람과 하나가 되는 자이다."

– 오스카 와일드

인간은 사회적 동물이다. 그래서 혼자가 아니라 다른 사람들과 함께 있을 때, 사회 속에서 살아갈 때 안정감을 느끼고 행복해질 수 있다. 우리가 주변 사람들과 하나가 되는 방법은 서로 도와주고 나누고 베푸는 것이다. 그럼으로써 서로 감정적·물질적 격차가 조금이라도 줄어들면서 어우러지고 일치감을 느끼게 되는데 이것이 지복至福의 원리이며 토대다.

이 원리는 몰입을 통해 자신을 잊어버리고, 집중하는 것과 자신이 하나가 되는 것이며, 이 경지에 이르면 지극한 행복을 느끼게 된다. 자기보다 타인을 먼저 생각하고 타인을 위해 자기를 버리는 이타주의자들은 지극한 행복을 누리게 된다. 욕심과 집착, 편견을 내려놓은 부자들은 바로 이 원리 덕분에 지극한 행복을 맛보았다

"삶에서 가장 중요한 것은 인간관계이고, 행복은 결국 그들과 서로 주고받으며 나누는 사랑이며 신뢰다."

이는 행복에 대한 수많은 연구와 보고 중에 가장 신뢰성이 높다고 평가받는 결과로, 72년 동안 졸업생 268명의 일생을 추적·조사해 하버드대학이 내린 행복의 공식이다.

1937년, 알리 복Arlie Bock 교수는 행복한 삶의 공식을 밝혀내기 위해 한 기업의 지원을 받아 연구를 시작했다. 그는 하버드대학 2학년 학생들 중 가장 성공할 것 같은 야심차고 똑똑한 학생들을 선발하여 이들의 일생을 조사하는 일명 '그랜트 연구'를 시작했다. 이 연구는 72년에 걸쳐 이루어졌는데 후반부 42년은 조지 베일런트George Vaillant 교수가 이어받았다.

두 교수의 끈질긴 조사와 추적을 통해 얻은 연구 결과는 매우 충격적이었다. 왜냐하면 행복의 공식은 돈이나 지위, 성공의 여부와 큰 연관이 없다는 결론이 나왔기 때문이다. 연구 결과에 따르면 인간이 행

복하게 살기 위해 필요한 것은 물질적인 것, 외형적인 것이 아니라 따뜻한 인간관계와 삶에 대처하는 성숙한 마음 자세, 건강하고 평온한 마음과 생활 습관 등이었다. 그랜트 연구의 결과가 우리에게 제시하는 행복을 위한 단서는 인위적인 것이나 물질적인 것이 아니었다. 즉, 자연스러운 것과 정신적인 것이 행복의 요소였던 것이다.

앞에서도 언급했듯이, 세상에서 가장 행복한 사람들이라는 사모아섬 사람들이 이를 증명해 준다. 또한 다른 나라들이 부러워하는 경제 성장을 이룩했음에도 불구하고 우리나라의 이혼율과 청소년 자살률이 OECD 국가 중 1위라는 사실을 통해서도 알 수 있다. 또한 전보다 더 경제적으로 안정되고 많은 부를 쌓은 1990년대 이후의 미국 국민들이 1970년대 미국 국민들보다 더 행복해하지 않는다는 행복 지수 조사 결과도 같은 말을 한다.

시세로Cicero는 "행복하게 산다는 것은 마음의 평온함을 뜻한다"라고 했다. 아무리 많은 재산과 명예, 권력을 가졌다고 해도 마음이 평안하지 않고 늘 쫓기듯 불안하며 분노로 가득 차 있다면 행복하다고 할 수 없다.

그렇다면 마음의 평온함은 과연 무엇일까? 정확히 설명하기 어렵지만 분명한 사실은 물질적인 것과 연관이 없다는 것이다. 마음의 평온함을 위해 반드시 필요한 것을 꼽자면 건강한 생활 습관과 주위 사람들과의 조화로운 관계 형성이다. 특히 가족들과 한마음을 이룬다면 마음의 평화가 저절로 찾아올 것이고 행복함으로 살아갈 수 있을 것이다.

# 이것이 바로
참된 행복이다

"당신이 살아 있음으로 인해 조금 더 행복
해지는 누군가가 있다는 것! 이것이 성공의 의미입니다."

- 랠프 왈도 에머슨

내가 살아 있음으로 인해 이 세상에서 살아가는 누군가가 있다면 그
만한 행복이 어디 있겠는가. 진정한 행복, 참된 행복은 자신이 아닌 타
인에게서 찾을 수 있다. 즉, 다른 사람들에게 베풀고 행복하게 해 주는
가운데 나 자신도 참된 행복을 느끼게 된다. 우리 인간의 존재 목적은
단순히 먹고사는 생존이 아니라 의미와 가치를 지닌 삶이기 때문이다.

하버드 의대의 조지 베일런트 교수는 〈10년 일찍 늙는 법 10년 늦게 늙는 법〉에서 다음과 같은 조사 결과를 밝혔다. 하버드대학 졸업생 268명, 보스턴 도심의 빈민가 청소년 456명, IQ 135 이상인 캘리포니아 여성 682명을 대상으로 수십 년간 추적·조사했는데 일에서 성공을 이룬 사람들은 모두 다음과 같은 결과를 나타냈다.

"자기가 가진 것을 남에게 나눠 주고 타인을 보살펴 주는 삶이 진정 행복한 삶의 실체다."

그러나 사람들은 "너무 착하면 살기 힘들다"고 말하곤 한다. 너무 착하면 이 사람 저 사람 부탁 들어줄 일이 생겨서 피곤해지고 손해를 보게 된다는 것이다. 그런데 실리 추구에 밝은 서양인들은 왜 다른 이야기를 하는 것일까? 그것도 똑똑하고 일에도 성공을 거둔 사람들이 말이다. 이들은 공통적으로 타인에게 자신의 것을 나눠 주고 그들을 보살피는 불편을 마다하지 않을 때 진짜 행복을 느꼈다. 이를 통해 참된 행복은 소유나 조건이 아니라 타인에 대한 마음가짐, 행동과 연관이 있다는 사실을 알 수 있다.

자신을 위해, 자신의 성공과 행복을 위해 뭔가를 하는 사람에게는 행복이 따라오지 않지만 타인을 위해, 세상을 위해 뭔가를 하는 사람은 진정한 행복을 맛볼 수 있다. 또한 참된 행복을 느끼는 사람들은 돌려받으려는 의도로 나눔을 실천하지는 않을 것이다. 그러나 베푼 만큼 되돌아오는 것이 인생이다. 타인에게 행복을 준 만큼 자기 자신이 더 행복해진다는 의미다.

다른 사람에게 예의 바르게 인사를 하면 상대방도 그렇게 인사를 건네고, 칭찬을 해 주면 상대방도 그렇게 칭찬을 한다. 또 다른 사람에게 비난과 불평을 하면 그러한 비난과 불평이 되돌아온다. 좋은 씨앗을 심는 사람은 좋은 열매를 얻고 나쁜 씨앗을 심는 사람은 나쁜 열매는 얻는 것은 자연의 법칙이자 인생의 법칙이다.

스스로 직접 자신을 위해 제공하는 것은 그 자체의 기쁨뿐이라면 자기희생을 하면서 남에게 베풀 때는 기쁨이 두세 배로 불어나서 다시 돌아오게 된다. 그 자체의 기쁨에다 타인의 따뜻한 관심과 사랑까지 더해지니 자기 자신만을 위해 살아가는 사람보다 더 큰 행복을 누릴 수 있는 것이다.

'출이반이出爾反爾'는 이러한 이치를 잘 말해 준다. 전국 시대 추나라의 왕인 목공이 맹자를 만나서 이웃 나라와의 전쟁에서 패하게 된 이야기를 늘어놓으며 백성들을 원망했다. 자기 나라의 장군과 군인들이 적군의 손에 죽는데도 백성들은 손 하나 까딱하지 않고 지켜보기만 했다는 것이다. 왕의 눈에는 이런 백성들의 태도가 원망스럽고 괘씸했던 모양이다. 그래서 벌을 내리자니 숫자가 너무 많고, 그냥 두자니 다음에도 또 그럴 것 같아 어떻게 해야 할지 모르겠다는 것이었다. 이 말을 듣고 맹자는 증자의 말이기도 한 '출이반이'라는 말을 빌려 왕에게 충고를 했다.

"예전에 흉년과 재난이 들어 백성들이 굶어죽고 가족들이 뿔뿔이 흩어질 때 왕의 창고에는 곡식과 재물이 가득했습니다. 그렇지만 어떤 관리도 백성들의 어려움을 왕에게 전하지 않아서 백성들이 그대로 굶어죽었습니다. 옛 성인이 말했듯이 자신에게서 나간 것은 자신에게 돌아오는 법입니다. 백성들은 단지 관리들에게 받았던 것을 다시 되돌려준 것에 불과합니다. 왕께서 백성들에게 관심을 가지고 그들을 진정 위하는 마음을 보여 준다면 백성들도 자연히 왕에게 진심어린 충성으로 되돌려줄 것입니다."

참된 행복은 자기만 잘 먹고 잘살면서 느끼는 행복이 아니라 나눔과 베풂을 통한 행복이다. 얼마큼 가치 있는 존재로서 보람차게 살았느냐에 따라 행복이 결정되는 것이다. 아울러 존재의 가치는 겉으로 보이는 객관적인 기준으로 평가해서는 안 된다.

〈오체불만족〉의 저자인 오토다케 히로타다는 태어날 때부터 팔다리가 없었다. 하지만 그로 인해 그의 존재 가치가 평가절하되거나 그가 불행한 삶을 살고 있는 것은 아니다. 그는 자신의 존재를 통해 소외된 수많은 이들에게 용기와 희망, 감동을 주었다. 그는 일본의 명문대학인 와세다대학을 졸업하는 등 누구보다 열심히 그리고 보람차게 살아가고 있다.

앞에서도 언급했던 헬렌 켈러도 마찬가지다. 평생 동안 칠흑 같은 어둠 속에서 지내야 했던 그녀는 "내 생애에 행복하지 않은 날은 단 하루도 없었다"고 말했다. 그녀는 다섯 개 언어를 구사하고 시청각 장애

인으로서는 미국 역사상 최초로 학사 학위를 취득했다. 게다가 보다 나은 사회를 이룩하기 위해 봉사하는 데 일생을 바쳤다. 가치와 보람으로 빛나는 그녀의 존재는 많은 사람들에게 행복을 주었고, 그녀 또한 행복하게 살 수 있었다.

행복은 어떤 상태로 태어났고 어떤 환경에 있느냐가 아니라 어떤 존재로 살아가느냐에 달려 있다. 그리고 어떤 존재로 살아갈지는 오로지 선택을 하는 자신의 몫이다. 그 선택에 따라 존재의 가치가 달라지고 누리는 행복도 달라진다.

'긍정 심리학'이란 용어를 가장 먼저 사용한 마틴 셀리그먼Martin Seligman은 행복한 삶을 구성하는 세 가지 요소를 다음과 같이 꼽았다.

1. 즐거운 삶(맛있는 음식, 즐거운 놀이)
2. 만족스러운 삶(좋아하는 일, 사랑하는 사람, 보람)
3. 의미 있는 삶(타인을 도와주는 일)

그리고 그는 자신의 만족과 즐거움을 위한 일보다 타인을 도와주고 가치 있는 일을 할 때 더욱더 지속적인 만족감을 느낀다고 강조한다.

행복의
플러스 이론

모든 사람은 가슴에
행복을 품고 살고 있다.
문제는 그 행복을 어떻게
끌어내는가이다.

조건이 아니라
선택이다

죽마고우가 어느 날 심각한 목소리로 전화를 걸어 만나서 얘기 좀 하자고 했다. 같은 동네에서 태어나 초등학교와 중학교, 고등학교를 함께 다녔고 심지어 직장도 같았던 친구였다. 나는 만사 제쳐 놓고 그를 만나러 갔다.

친구는 나를 보자마자 자신의 처지를 대해 고민을 풀어놓았다. 이혼을 하느냐 마느냐 하는 중요한 선택의 기로에 서 있었던 것이다. 그의 상황을 좀 더 자세히 들여다보자.

"이제 결혼 8년차밖에 안 되었지만 이미 결혼 전에 10년 이상 사귀고 결혼한 탓에 서로에 대해 너무나 잘 알고 있었다. 그런데 결혼 전에는 전혀 문제가 되지 않았던 부분들이 가장 큰 문제로 우리 부부를 괴롭혔다. 아니 구체적으로 말하면 나를 괴롭혔다.

아내의 도를 넘은 장모님 사랑 때문에 힘들었다. 결혼을 한 뒤 열심히 일을 해서 돈을 벌어다 주면 그것으로 재테크를 잘해서 집을 장만해야 하는데, 우리 집이 아니라 장모님 명의로 된 아파트를 장만해서 장모님에게 드렸다. 장모님이 전세로 살고 있는 집의 주인이 그 집을 팔려고 내놓았는데, 장모님은 그 동네에서 오래 사셨기 때문에 이사 가기를 싫어하셨다. 그래서 아내는 장모님을 위해 대출을 받아 그 집을 사서 드리고 전세금도 받지 않았다. 물론 돈이 많아서 그렇게 해 드렸다면 문제가 없겠지만, 빚더미 가계를 꾸려 가야 할 상황이니 나로서는 못마땅한 것이다.

아내에 대한 불만은 이것뿐만이 아니다. 아내는 태어난 지 1년도 안 된 갓난아기를 어린이집에 맡겨 놓고 낮에 볼일을 보러 다녔다. 그러다가 아이가 크게 다치는 일이 발생했다. 더 심한 것은 둘째를 임신했을 때 애 키우기가 싫다고 내가 출장 간 사이에 낙태한 일이었다. 출장지에서 아이가 유산되었다는 장모님의 전화를 받았는데 당시에 좀 이상한 낌새를 느꼈지만 설마 그런 짓을 저질렀으리라고는 상상할 수 없었다. 그런데 몇 년이 흐른 뒤 부부 싸움을 하면서 유산이 아니라 낙태였다는 것을 알게 되었다.

이러저러한 일로 이혼을 생각하게 되었다. 나는 이혼을 해야 하는가? 아니면 참고 살아야 하는가?'

나는 친구의 이야기는 듣고 그 자리에서 어떠한 결정도 내리지 말자고 다독였다. 그리고 몇 년만 더 살아 보라고, 그때 가서 이혼해도 늦지 않다고 말해 주었다. 그리고 몇 년이 지났다.

바로 어제 친구와 그의 아내, 아이들이 우리 집에 와서 저녁 식사를 함께 했다. 친구에게도, 그의 아내에게도 과거에 힘들어하고 고민하던 모습은 보이지 않았다. 그 사이에 첫째 딸 밑으로 다섯 살 차이 나는 둘째 아들도 태어났다. 친구의 가정은 무엇인가가 가득 찬 풍요로운 느낌이었다.

친구 가족이 집으로 돌아간 뒤 나는 행복은 조건이 아니라 선택의 문제라는 사실을 다시 한 번 확신하게 되었다. 만약에 그 친구가 3년 전에 이혼을 결심했다면 그 선택을 통해 그가 이룰 수 있었던 것은 복수였을 것이다. 그러나 그는 복수 대신 용서와 포용을 선택했다. 그 결과 용서와 치유, 포용을 얻은 것은 친구의 아내가 아니라 바로 그 친구였다는 사실을 뒤늦게 깨닫게 되었다. "이 세상은 마음먹기에 따라 지옥이 될 수도 있고 천국이 될 수도 있다"라는 랠프 왈도 에머슨의 말이 이 가정에도 그대로 통했던 것이다.

이렇게 마음먹기에 따라 천국이 되고 지옥이 되는 것은 자기 자신의 선택에 달렸다. 그렇다면 우리의 선택을 결정짓는 것은 무엇일까? 그것은 바로 긍정적인 시각을 가지고 있느냐, 부정적인 시각을 가지고 있느냐다. 위의 사례에서 부정적인 사람은 아내의 부족한 면만을 보고 불평하고 결혼한 것을 후회한다. 반면에 긍정적인 사람은 아내의 또 다른 면, 예를 들면 다른 남자에게 한눈팔지 않는 점, 주식이나 부동산 투자에 섣불리 덤벼들지 않는 점, 몸이 건강한 점 등에 대해 고마워한다. 자신이 긍정주의자인지 부정주의자인지에 한번 잘 살펴보라.

불평만 하는 사람들은 어떤 일에도 불평할 것을 먼저 찾기 때문에 불평이 끝이 없다. 헨리 데이비드 소로Henry David Thoreau는 "불평꾼은 천국에 가도 불평을 한다"고 말하지 않았던가. 불평불만이 가득한 사람은 불행해지는 길로 걸어가는 사람이다.

행복한 사람들은 공통적으로 세상을 긍정적으로 본다는 특징이 있다. 그들은 자신의 상황에서 불행한 측면보다는 행복한 측면을 더 잘 발견하고 그로 인해 기뻐한다. 앤디 앤드루스Andy Andrews는 〈폰더 씨의 위대한 하루〉에서 행복한 사람이 되는 비결에 대해 썼다.

"오늘 나는 행복한 사람이 될 것을 선택하겠다. 나는 감사하는 마음의 소유자다. 감사하는 마음은 절망의 구름을 순식간에 없애 버린다. 나는 남과 비교하지 않겠다. 나는 지금 이 순간 행복한 사람이다."

이처럼 남과 비교하지 않고 주어진 조건 속에서 행복할 수 있는 길을 선택하며 살아가는 사람이 있다. 닉 부이치치Nick Vujicic는 태어날 때부터 팔다리가 없었다. 보통 사람들이 생각하기에 행복할 수 있는 조건은커녕 평범한 인간으로서의 조건도 갖추지 못한 것이다. 하지만 그는 좌절하지 않았고 불행의 길을 걷지도 않았다. 그는 이렇게 말한다.

"저는 세계여행을 좋아하고 낚시와 골프, 수영도 좋아합니다. 저는 제 삶을 즐기고 있습니다. 저는 행복합니다."

〈느리게 사는 즐거움〉의 저자, 어니 젤린스키Ernie Zelinski는 또 다른 책, 〈게으른 사람의 행복 찾기〉에서 행복하기 위한 규칙 두 가지를 제시했다.

1. 당신이 누구든, 어디에 있든, 무엇을 갖고 있든 행복하라.
2. 인생이 힘겹고 불행하다고 생각될 때는 규칙 1로 돌아가라.

그의 말대로 행복해지기 위해 조건도 필요 없고 노력할 필요도 없다. 우리가 숨 가쁘게 노력하는 것은 사실 행복을 위한 일이 아니라 욕망을 채우기 위함이다. 소유나 욕망은 행복해지는 데 장해가 되는데도 말이다. 행복한 사람은 마음을 비운, 마음이 가난한 사람이다. 성경에서도 "가장 행복한 사람 중에 한 명은 바로 마음이 가난한 자"라고 하지 않았던가. 왜냐하면 마음이 가난한 자만이 이 세상을 모두 가진 자보다 더 행복할 수 있기 때문이다.

하버드대학 인생 성장 보고서의 결정판인 조지 베일런트 교수의 〈행복의 조건〉에서 강조하는 행복의 조건은 "인생의 고통에 어떻게 대응하는가?"이다. 즉, 인생을 살면서 부딪히는 많은 고통에 어떤 식으로 대응하며 살아가느냐에 따라 행복과 불행이 결정된다는 것이다. 이때 고통에 대처하는 방식을 심리학적 용어로 '방어기제'라고 한다.

조지 베일런트 교수는 신체적·정신적으로 건강한 삶을 살아가기 위해 필요한 일곱 가지 조건 중에 가장 우선적으로 '고통에 대응하는 성숙한 방어기제'를 꼽았다. 오랫동안 연구한 하버드 대학생들의 인생 성장 보고서에 바탕을 둔 그의 주장은 매우 타당성이 있다. 슬픈 일이나 고통스러운 일을 당했을 때 어떤 식으로 대처하는지는 삶의 질을 결정하기 때문이다.

가령 실직을 한 두 가장이 있다고 하자. 한 사람은 회사가 자신을 배신했다는 것만 생각하고 회사에 대한 분노를 곱씹으며 하루하루를 살았다. 그래서 새로운 일을 준비하거나 시작하지도 못하고 인생을 그렇게 허비했다. 한편 또 다른 사람은 자신을 내친 회사를 원망하기보다 회사가 자신에게 새로운 기회를 주었다고 생각했다. 그리고 자신의 적성이나 소질이 그 회사와 맞지 않았다고 생각하면서 새로운 길을 찾으려고 노력했다. 그러면서 자기도 몰랐던 새로운 소질을 발견하고 그 길로 전진할 수 있었다. 만약 전 회사를 계속 다녔다면 자기가 가진 놀라운 능력을 발견하지도 못하고 그 소질을 통해 더 큰일을 해내지도 못했을 것이다. 더욱이 자신에게 맞는 일을 발견했기에 기쁨과 행복으로 가득 찬 삶을 살게 되었다. 이렇게 두 사람의 삶이 달라진 것은 선택의 차이에서 비롯된다. 오늘의 선택에 의해 내일이 달라지는 것이다.

조지 베일런트 교수는 행복의 선택을 하는 데 성숙한 방어기제와 함께 교육, 안정된 결혼 생활, 금연, 금주, 운동, 알맞은 체중 등의 일곱 가지 조건을 제시했다. 이러한 것들은 마음만 먹으면 누구나 이룰 수 있는 일이다. 술을 마시고 담배를 피우는 데는 돈이 드니 금연이나 금주는 돈이 많은 사람보다 돈이 없는 사람들에게 더 좋은 항목이다.

이 일곱 가지 조건은 선택하기에 달렸다. 오늘부터라도 행복으로 가는 길의 방향을 돌려 보자. 선택한 만큼 그 길이 가까워질 것이다. 앨버트 아인슈타인Albert Einstein이 "어리석음이란 계속해서 같은 일을 반복하면서도 다른 결과를 기대하는 것"이라고 말했듯, 불행하다면 계속해서 불행한 길을 선택하기 때문이다.

인생은 탄생birth, B과 죽음death, D 그리고 그 사이에 존재하는 것들이다. 즉, B와 D 사이에 존재하는 수많은 선택choice, C인 셈이다. 그래서 우리는 탄생과 죽음 사이에 무언가 가득 채울 것을 선택하게 된다. 이제 불행을 선택하는 삶을 멈추고 행복을 선택하는 삶을 살아보자.

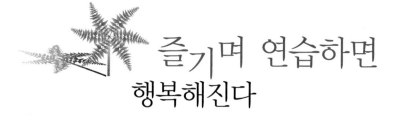

즐기며 연습하면
행복해진다

"연습할수록 느는 것, 행복은 삶의 습관이다."

−리즈 호가드

자전거 타기처럼 연습을 한 사람이 더 오래 더 많이 행복할 수 있다. 필자의 경우를 예로 들어 얘기해 보겠다.

몇 년 동안 성공과 행복에 대한 수많은 책을 읽으며 연구할 때의 일이다. 연구를 계속하면서 나는 아무 이유 없이 몹시 행복해졌다. 생활형편이나 사회적 지위는 달라진 게 없었는데, 나는 매일 행복에 대해 생각하고 연구하면서 저절로 행복해지는 느낌을 얻게 되었다. "마음을 새롭게 하여 변화를 받는다"는 성경 말씀처럼 마음이 새로워지니 삶이 달라지고 그 결과 행복이 찾아온 것이다. 더 놀라운 일은, 행복해지니 활력과 생기가 넘치면서 하는 일에 창의력과 에너지가 샘솟는 것이었다.

나는 행복하기 위해 필요한 것은 비장한 각오가 아니라 날마다 행복을 연습하고 행복과 가까워지는 것이라는 사실을 깨닫게 되었다. 처음에는 행복 연습이 어색하고 효과도 없어 보였지만 날이 갈수록 즐기게 되었다. 행복을 누려 본 사람은 그 느낌을 알기 때문에 더욱더 행복해지는 상황으로 나아가려고 한다. 이렇게 행복은 연습이 필요한 데 비해 우연히 찾아오는 행운은 연습이 필요 없다.

미하이 칙센트미하이Mihaly Csikszentmihalyi 박사는 자신의 유명한 책, 〈몰입〉에서 다음과 같이 말했다.

"행복이란 우연히 찾아오는 것이 아니다. 바로 이것이 나의 발견이다. 행복은 운이 좋아서라든지 어쩌다 생긴 기회의 산물이 아니다. 돈이나 권력으로 얻을 수 있는 것도 아니다. 행복은 외부의 사물에 의해 좌우되는 것이 아니라 오히려 우리가 이것들을 어떻게 해석하는가에 달려 있다. 실제로 행복은 우리가 준비해야 하고 마음속에서 키워 가야 하며, 사라지거나 빼앗기지 않도록 스스로 지켜 내야 하는 특별한 것이다."

영국의 철학자 버트런드 러셀도 이와 비슷한 맥락에서 다음과 같이 설파했다.

"행복은 내세의 '약속된 땅'도 아니며 어떤 요행으로 주어지는 '운명'도 아니다. 행복은 오직 스스로가 쟁취하는 것이다."

〈행복도 연습이 필요하다〉의 저자이자 심리학 교수인 소냐 류보머스키Sonja Lyubomirsky도 이런 주장을 뒷받침한다. 그는 30만 명에 달하는 사람들을 대상으로 방대한 연구를 시행해 "행복도 연습을 통해 충분히 증대시킬 수 있다"고 결론을 내렸다. 그는 인간이 느끼는 행복감에 영향을 주는 요인에 대해 유전적 요인 50%, 환경적 요인 10%, 그리고 나머지 40%는 개인의 의지와 노력, 연습을 통해 향상시킬 수 있다고 분석했다. 또한 나머지 40% 요인에 영향을 주는 행복 증대 방법으로 열두 가지를 제시했다.

1. 목표에 전념하기
2. 몰입 체험을 자주 하기
3. 삶의 기쁨을 날마다 음미하기
4. 감사 표현 자주 하기
5. 낙관적인 성격 가지기
6. 사회적 비교 회피하기
7. 친절한 행동 실천하기
8. 친밀하고 좋은 인간관계 맺기
9. 스트레스에 대처하는 방법 개발하기
10. 용서해 주는 법 배우기

11. 종교 생활과 영성 생활 하기

12. 몸을 보살피기

　행복을 결정짓는 요인 중에서 유전적 요인과 환경적 요인은 자신의 의지로 바꾸기도 힘들거니와 단시일 내에 바뀌는 것도 아니지만 나머지 40%는 연습하고 노력하면 향상시킬 수 있는 것이다. 그렇다면 어떤 연습을 해야 할까? 여기에 대한 답은 우리의 모든 행동과 생각 그리고 삶 속에서 찾을 수 있다. 말을 할 때도, 잠을 잘 때도, 생각을 할 때도 행복 연습을 할 수 있다. 아침부터 밤늦게까지 하루 종일 우리는 행복 연습을 할 수 있다. 그럼 구체적인 연습 방법을 살펴보자.

　우선 "난 행복해!"라고 말하는 것이 시작이다. 아침에 눈을 뜨자마자 "아, 행복한 하루가 시작되었구나. 밤사이 잘 자고 일어났네. 이렇게 멋진 하루가 또 내게 주어지다니 역시 난 행복한 사람이야!"라고 크게 외쳐 보자. 그리고 밥을 먹으면서 "굶어죽는 사람도 많은데 이렇게 맛있는 밥을 먹을 수 있으니 나는 너무 행복해."라고 말해 보라. 출근을 하면서 혹은 학교에 가면서 '백수가 넘쳐나는데 이렇게 일자리가 있으니 난 정말 행복한 사람이야.' 혹은 '누구는 가정 형편 때문에 마음 놓고 학교를 다니지 못하는데, 거기에 비하면 나는 아무 걱정 없이 공부만 하면 되니까 정말 행복한 사람이야.'라고 생각하라. 만약 실직자라면 '누구는 죽어도 하기 싫은 일을 생계를 위해 어쩔 수 없이 노예처럼 하는데 적어도 나는 지금 그런 상황이 아니니 참으로 행복하지 않은가.'라고 생각하라. 이렇게 생각하고 행동하는 것이 바로 행복 연습이다.

세상의 모든 일은 동전의 양면처럼 앞면과 뒷면, 즉 좋은 점과 나쁜 점이 동시에 있다. 이에 대해 '애개, 물이 겨우 반밖에 안 남았네.'가 아니라 '아직도 물이 반이나 남았네.'라고 사고하는 행복 연습을 해야 한다. 이는 곧 행복 습관으로 이어지기 때문이다. 행복 연습을 통해 행복 습관이 길러지면 이제 행복의 기술을 터득한 것이나 다름없다. 〈행복하다고 외쳐라〉의 저자인 오리슨 스웨트 마든Orison Swett Marden은 행복 습관이 행복의 비결이라고 말한다.

"인생은 놀이, 재미, 빛, 명랑함으로 가득해야 한다. 기뻐할 어떤 것을 찾는 습관을 길러라. 매일 한 가지씩 기뻐할 것을 찾아라. 다음에는 두 가지를 찾아라. 다음에는 세 가지, 다음에는 한 시간에 하나, 다음에는 매 순간에 하나, 그러면 당신은 행복의 비결을 터득하게 될 것이다."

〈행복의 공식〉의 저자인 슈테판 클라인Stefan Klein은 행복을 자주 느껴 본 사람이 그렇지 못한 사람보다 더 자주 행복하고 더 빨리 행복을 느낄 수 있다고 말한다. 또한 그는 행복을 더 자주 경험하기 위해 즐거운 곳이라면 어디든지 달려가라고 한다. 슈테판 클라인이 주장하는 또 다른 행복의 공식은 "행복한 감정과 같은 새로운 감정을 만들어 내기 위해서는 반복적으로 학습하는 것이 중요하다”는 것이다. 반복적으로 학습하고 연습하는 것이 행복의 공식이며 비결이라는 말이다.

세상에서 가장 나쁜 생각 중 하나는 불행이 불가피하다는 것이다. 인생을 살다 보면 어쩔 수 없이 불행하게 살아야 할 때도 있다고 생각하는 것이다. 하지만 이는 어리석은 사고일 뿐인데, 불행은 충분히 극복할 수 있고 행복으로 전환시킬 수 있기 때문이다.

에덴동산이 왜 파라다이스일까? 그곳에는 경쟁과 욕심이 없기 때문이다. 인간은 욕심을 내기 시작하면서 경쟁을 하게 되었고, 그러한 경쟁심은 비교 심리를 부추겼다. 그러다 보니 아무리 많이 가져도 남보다 적다고 여겨지면 만족이 안 되고 행복하지도 못한 것이다.

경쟁과 욕심을 극복해야 행복할 수 있다. 그리고 이는 지금 당장 시작할 수 있는 일로 돈이 들거나 성공이 필요치 않다. 우리 내면에서 생각만으로도 마음이 넉넉해지고 행복해질 수 있다는 것, 이것이 바로 긍정 심리학이다.

현대 심리학자들이 행복에 관한 다양한 연구 결과를 분석·종합한 결과, 행복한 사람에게는 행복해지는 습관이 있다는 사실을 발견했다. 심리학자들이 주장하는 행복해지는 습관은 ‘남들과 비교하지 않기’, ‘후회하지 않기’, ‘실패를 재평가하여 좋은 쪽으로 생각하기’, ‘자족하기’ 등이다. 성격에 따라 행복해지는 습관을 길들이기가 어려울 수 있겠으나 연습을 통해 충분히 개선이 가능하다는 것이 심리학자들의 공통된 주장이다.

심리학자들은 행복이 악기 연주처럼 배울 수 있는 '기술'이라고 주장한다. 그리고 사람마다 행복한 삶을 살기 위해 저마다의 방법으로 연습을 하면 행복해질 수 있다고 말한다. 즉, 부산에서 서울로 가기 위해 비행기를 타든, 기차를 타든 상관없다는 것이다. 다만 고소 공포증이 있는 사람에게는 비행기를 타는 것이 고통을 겪는 최악의 방법이 될 것이다. 이런 사람은 비행기보다 느리더라도 기차나 자동차를 타는 게 더 나을 것이다. 또한 운전을 하지 못하는 사람에게 자동차를 몰라고 강요하는 것도 옳지 않다. 이런 사람에게는 운전사 또는 기차표나 비행기표를 제공해 주어야 한다.

이처럼 행복의 비결은 한 가지가 아니며 사람마다 다를 수 있다. 하지만 분명한 사실은 부산에서 서울로 가기 위해서는 그 방법이 무엇이건 출발을 해야 한다는 것이다. 행복한 삶도 하나의 기술이며 습관이다. 연습과 노력으로 익숙해진 다음에는 어떤 상황에서도 행복할 수 있을 것이다.

행복은 즐김에서 나온다. 행복한 사람은 어디를 가도 행복하고 불행한 사람은 어디를 가도 불행하다. 왜냐하면 행복의 비결은 무엇을 하느냐가 아니라 어떻게 하느냐에 달려 있기 때문이다. 즉, 똑같은 일을 해도 어떤 사람은 행복하지만 또 다른 사람은 불행할 수 있다.

필자는 군대에 있을 때 군대 체질이라는 소리를 많이 들었다. 군대

생활을 즐기고 만족해했기 때문이다. 군 복무 중에는 상관이 시키는 일을 잘하고 단조로운 나날을 잘 버텨 내야 한다지만 필자는 군 복무를 희생으로 생각하지 않고 하루하루를 즐겁게 지냈다. 즐기니까 군 복무 시절도 행복할 수 있었다.

군대를 제대하고 대학교에 복학하여 남들과 다름없이 학과 공부, 취업 준비를 했다. 다른 친구들은 취업하기 위해, 성공하기 위해, 보다 나은 삶을 위해 시간과 노력을 희생하며 공부를 했다. 그러다 보니 그다지 행복하지 않은 대학 시절을 보냈다. 하지만 필자는 학구파라는 소리를 들을 만큼 공부 그 자체를 즐겼고, 공부가 재미있게 느껴지니 잘하게 되었다. 그 결과 높은 학점을 얻고 좋은 회사에 취직할 수 있었다.

이처럼 행복의 기술은 힘들다고 생각하지 않고 즐긴다고 생각하는 것이다. 무엇을 하든지 희생이라고 생각하는 순간 정말 희생해야 하지만 즐긴다고 생각하는 순간 즐길 방법이 생기게 된다. 이렇게 즐기게 될 때 행복의 길로 들어서게 된다.

군대에서의 구보와 민간인의 조깅은 똑같이 뛰는 것을 일컫지만 그 차이는 엄청나다. 구보는 누가 시켜서 하는 것이고 안 하면 맞기도 하지만, 조깅은 스스로 즐기면서 하는 것으로 안 한다고 뭐라 할 사람도 없다. 구보는 엄청난 고통을 유발하지만 조깅은 큰 기쁨과 건강을 가져다준다. 즐기는 태도가 바로 행복하게 살아가는 비결인 것이다.

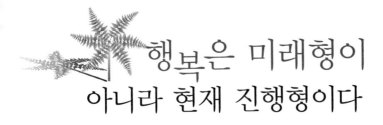

행복은 미래형이
아니라 현재 진행형이다

"진정한 삶은 현재뿐이다. 따라서 지금 이 순간
최선을 다해 사는 일에 정신력을 집중하고자 노력해야 한다."

−톨스토이

행복은 현금現金이 아니라 현금現今에 의해 결정된다. 행복의 최고 기술은 바로 현재, 즉 현금現今을 붙잡는 기술이다. 수많은 사람들이 행복하지 못한 것은 과거를 후회하고 미래를 걱정하기 때문이다. 그래서 현재의 행복을 누리지 못하는 것이다. 행복은 온전히 현재에 있기 때문에 지금 이 순간을 붙잡아서 누려야 한다.

"말할 수 없는 것에는 침묵해야 한다"는 명언을 남긴 비트겐슈타인 Wittgenstein은 이 사실을 깨닫고 있었다. 그는 "행복한 사람은 항상 현재에 산다. 행복한 사람은 회한에 젖을 과거가 없고 불안해할 미래가 없기 때문에 삶 전체가 현재화되어 있다."라고 말했다.

또한 대문호 톨스토이는 '세 개의 질문'이란 주제로 다음과 같이 말했다. "중요한 때는 단 한 번뿐이오. 바로 '지금'이란 말이오. 그것은 우리가 힘을 지니고 있는 유일한 때이므로 가장 중요한 시간이오. 그리고 가장 필요한 사람은 지금 당신과 함께 있는 사람이오. 어떤 사람도 자신이 누구와 인연을 맺게 될지 알 수 없기 때문이오. 또한 가장 중요한 일은 그에게 선을 베푸는 것이오. 왜냐하면 사람은 바로 그 목적을 위해 이 땅에 태어났기 때문이오."

그의 말처럼 우리 인생에서 우리가 행복해질 수 있는 가장 중요한 때, 가장 적당한 때, 가장 좋은 때는 단 한 번뿐이다. 바로 '지금'이다. 그래서 수많은 현자들은 '지금 이 순간'을 누리는 방법을 터득하고 그렇게 살았기 때문에 누구보다 행복할 수 있었다. 즉, 그들이 행복한 삶을 살 수 있었던 비결은 바로 '지금 이 순간'을 붙잡고 살았다는 것이다.

반면에 '소유를 통한 행복'을 선택한 사람들은 소유하지 못한 지금 이 순간이 아닌 좀 더 많은 것들을 소유할 수 있을지 모를 미래를 붙잡고 살아가기 때문에 불행할 수밖에 없다. 불행한 사람들이 선택했던 것은 아직 존재하지도 않는 미래를 위해 지금 이 순간을 희생시키는 어리석은 방법이었다. 현재 존재하고 있지만 미처 깨닫지 못한 수많은 행복들을 놓쳐 버리고 그 행복을 다시 찾기 위해 자기 자신을 채찍질하게 되었다. 존재하지 않는 미래를 위해 유일하게 존재하는 때인 현재를 희생했던 것이다. 그래서 이도 저도 모두 누리지 못하고 불행한 현재를 살고 있다.

세계적인 심리치료사인 리처드 칼슨Richard Carlson이 〈리처드 칼슨의 행복의 원칙〉에서 주장한, 행복으로 가는 10대 원칙 중 하나는 "지금 이 순간을 살아라"다. "많은 사람들이 자신의 삶을 마치 미래를 위한 리허설인 것처럼 살고 있다. 사람들은 과거나 미래에 대한 생각들로 혼란스럽기 때문에 현명하고 올바른 삶을 살아가기 힘들다고 주장한다. 그러나 행복하게 살기 위해서는 과거나 미래를 살지 말고 현재를 사는 법을 배워야 한다. 현재를 사는 법을 배운 사람들은 인생에서 자신이 가장 원하는 것, 즉 만족감을 얻게 되기 때문이다."

사람들은 자신의 삶이 더욱 완벽해지고 보다 더 많은 것들을 갖춘 다음에야 행복할 수 있다고 오해한다. 하지만 지금 이 순간 행복할 수 없는 사람은 아무리 완벽해지고 많은 것들을 갖춘 때가 되어도 행복해질 수 없다.

행복은 살아가는 여러 가지 방법과 선택 중의 하나에 불과하다. 누구는 열정적으로 살아가고, 누구는 희망을 품고 살아가며, 또 다른 이는 큰 상처를 가진 채 살아간다. 그러니 행복을 품은 채 지금 이 순간을 행복하게 살면 그만이다. 행복은 과거형도 미래형도 아닌 현재 진행형 뿐임을 알아야 한다.

또한 어떠한 상황이 닥치더라도 그것을 받아들여야 한다. 설사 천공의 신 제우스가 또 한 번 시련의 겨울을 선사했더라도, 투스칸 해 절벽이 무너져 지금 이 순간이 마지막이라 해도!

그대가 현명하다면 포도주는 오늘 체로 걸러라.
짧기만 한 인생에서 먼 희망은 접어야 한다.
우리가 이렇게 말을 하고 있는 동안에도
시간은 우리를 시샘하여 멀리 흘러가 버리니
내일이면 늦으리니
카르페 디엠Carpe diem!
지금 이 순간을 붙잡아라!
－퀸투스 호라티우스 플라쿠스(기원전 65년~기원전 8년)

행복하게 살아가고자 한다면 지금 이 순간 행복을 품어야 한다. 지금 이 순간 행복을 느껴야 한다. 지금 이 순간 행복을 발견해야 한다. 지금 이 순간 행복을 생각해야 한다. 지금 이 순간 행복을 선택해야 한다. 지금 이 순간 행복을 연습해야 한다. 이것이 행복의 기술이다.

오늘 행복하지 못한 사람에게는 내일의 행복도 없다. 그러나 오늘 행복한 사람에게는 내일의 행복도 있다. 오늘의 행복은 미래 행복의 씨앗이고, 행복은 행복을 낳기 때문이다. 오늘 행복한 것은 내일의 행복을 위해 투자하는 것과 다름없다.

헨리 데이비드 소로는 미래에 대한 걱정과 두려움 때문에 현재를 불행하게 살아가는 상황을 다음과 같이 문학적으로 표현했다. "왜 우리는 이렇게 쫓기듯 인생을 낭비해 가면서 살아야 하나? 우리는 배도 고프기 전에 굶어죽을 각오를 하고 있다. 사람들은 제때의 한 바늘이 나중에 아홉 바늘의 수고를 덜어 준다면서 오늘 천 바늘을 꿰매고 있다."

그의 말처럼 우리는 오늘 조금 더 노력하고 견디면 미래에 고생을 덜 할 것이라고 믿으면서 지금 이 순간의 인생과 행복을 포기하며 살아가고 있다. 하지만 행복의 유통 기한은 바로 오늘이다. 오늘의 석양은 내일의 석양과 다르다는 사실을 간과한 채 내일의 석양을 보기 위해 오늘의 석양을 보는 것을 내일로 미룬다. 하지만 내일이 되어서야 어제의 석양은 어제가 아니면 다시는 보지 못한다는 사실을 깨닫고 후회하게 된다. 그렇게 후회하면서 그날의 석양도 놓쳐 버린다. 이래저래 석양은 구경도 못한 채 무언가에 쫓기며 헛되이 시간을 보내는 것이다.

"어제는 부도난 수표다. 내일은 약속어음이다. 오늘이야말로 유일한 현금이다. 현명하게 사용하라."

리온스의 말처럼 우리가 사용할 수 있는 유일한 현금은 바로 오늘이다. 그리고 그 현금을 현명하게 사용하는 유일한 방법은 오늘을 즐기며 행복하게 사는 것이다. 미래에 아무리 성공을 하고 큰 부와 권력을 손에 쥔다 해도 오늘의 행복을 내일 구할 수 없다는 사실을 명심하자.

행복은 보관해 두었다가 필요할 때마다 꺼낼 수 있는 것이 아니다. 행복은 절대 미룰 수 없으며 그날의 행복은 오직 그날만 누릴 수 있다. 그러나 사람들은 미래의 행복과 성공을 위해 현재의 행복을 저축해 놓고 미루는 성취주의자가 되어 버렸다. 과거에 오랫동안 미뤄 놓았던 행복을 미래에 모두 되돌려받을 수 있다고 착각하며 살고 있는 것이다.

하버드대학에서 행복학 강의를 하는 탈 벤 샤하르Tal Ben-Shahar 교수는 사람들을 '성취주의자', '쾌락주의자', '허무주의자', '행복주의자'로 분류하고 행복해 대해 설명했다. 사람들은 쾌락주의자나 허무주의자는 바람직하지 못하다는 사실을 잘 알고 있다. 하지만 성취주의자와 행복주의자는 분명하게 구별하지 못한다. 지금도 수많은 사람들이 성취주의자의 방식을 지향하며 살고 있기 때문이다.

성취주의자는 자신이 목표로 하는 대학에 입학하면, 들어가고 싶은 회사에 취직하면, 갖고 싶은 차를 사면, 원하던 성공을 성취하기만 하면 행복해질 수 있다고 믿는 사람이다. 이들은 지금의 희생과 수고, 행복을 보상받을 수 있다는 생각으로 목표를 향해 달려간다.

성취주의자는 한마디로 과정이 아니라 결과만 중요시하는 사람이다. 미래의 목표 성취를 위해 오늘의 행복을 저당 잡히는 것으로, 많은 현대인들이 이러한 부류에 속한다. 이들은 계속 달려야 넘어지지 않는다고 믿고 쉼 없이 자전거 페달을 밟는다.

한편, 행복주의자는 현재의 행복을 누리면서 동시에 미래의 행복과 성공까지도 준비하는 사람이다. 즉, 목적지로 가는 과정도 즐기면서 나아가는 현명한 사람이다. 〈나를 찾아가는 여행〉의 저자인 로빈 샤르마Robin S. Sharma는 다음과 같이 표현했다.

"내가 말하고 싶은 것은 결코 미래의 성취를 위해 현재의 행복을 미루어 두지 말라는 것이네. 행복은 여행에 있는 것이지 목적지에 있는 것이 아니라네. 그러므로 현재 속에 살라는 것이네. 그렇다고 목표를 세우지 말라는 것이 아니네. 다만 하루하루 우리 앞에 놓여 있는 특별한 순간을 즐기라는 것이지. 왜냐하면 지금 이 순간이 우리가 가진 전부이기 때문이라네. 우리가 삶을 충실히 살아야 할 때는 복권에 당첨되거나 은퇴했을 때가 아니라네. 그것은 바로 지금 이 순간일세."

행복은 바로 지금 이 순간을 붙잡는 사람에게만 가까이 다가온다. 그러므로 지금 이 순간을 붙잡고, 지금 이 순간을 즐기고, 지금 이 순간에 감사하고, 지금 이 순간 선을 베풀고, 지금 이 순간 최선을 다해 살아가야 하는 것이다.

행복은
타인으로부터 온다

안타깝게도 많은 성공학 책들은 이기적으로 살고 자신을 우선시해야 행복할 수 있다고 가르친다. 〈행복한 이기주의자〉의 저자인 웨인 다이어Wayne Dyer는 행복해지기 위해서는 먼저 이기주의자가 되어야 한다고 단도직입적으로 말한다. 하지만 필자는 이기주의자들이 대부분 참된 행복을 누리지 못하고 살아가는 불행한 사람들이라고 반박하고 싶다. 참된 행복은 이기주의가 아닌 이타주의와 더 가깝다고 말이다.

필자의 주장에 의문을 품는 독자들도 있을 것이다. 객관적인 예로, 하버드 의대에서 실시한 한 실험은 마더 테레사의 일대기와 같은 영화를 보면 면역항체가 영화를 보기 이전보다 증가한다는 사실을 밝혀냈다. 이와 같이 누군가가 타인을 돕는 행위를 보는 것과 같이 간접적인 체험만으로도 면역력이 증가하는 것을 '마더 테레사 효과'라고 부른다. 이러한 효과가 나타나는 이유는 무엇일까?

　인간은 본질적으로 타인을 도와주는 상태가 가장 최적의 상태이므로 몸이 먼저 알고 반응하기 때문이라고 볼 수 있다. 타인이 어떻게 되든 상관하지 않고 자기 자신만 돌보는 사람은 우울증, 스트레스 등의 병에 더 취약하다. 이러한 사실을 깨달은 사람이라면 이기적으로 생각하고 행동하지 않을 것이다.

　몸의 건강 측면을 떠나서 우리는 타인을 도와줄 때 정신적으로 더 큰 유익을 얻게 된다. 행복과 보람을 느끼며 가치 있는 일을 했다는 자각을 통해 삶의 의미를 찾을 수 있는 것이다. 달리기를 하다 보면 기분이 좋아지고 쾌감을 느끼며 황홀경에 빠져들게 되는데 그런 상태를 '러너스 하이runner's high'라고 한다. 마약을 했을 때 뇌 속에서 분비되는 물질과 비슷한 물질이 이때에도 발생한다고 한다. 그래서 러너스 하이에 중독된 사람들은 비바람이 불어도 달리기를 하게 된다. 러너스 하이의 절정감을 느끼기 위해서는 한계점을 극복하고 계속 뛰어야 한다. 고통을 극복하고 맛보는 환희인 셈이다. 마라톤뿐만 아니라 어느 강도의 운동을 30분 이상 계속할 때에도 이를 느낄 수 있는데 이 상태를

'운동 하이exercise high'라고도 한다.

이와 비슷한 현상이 의외의 활동을 통해서 일어나는 경우가 있다. 그것은 바로 마더 테레사 효과와 일맥상통하는 '헬퍼스 하이helper's high'다. 헬퍼스 하이는 타인을 도와주면 도움을 받는 타인보다도 오히려 헬퍼의 기분이 좋아지고 행복해지는 현상을 말한다. 남을 도와주면 기분이 좋아질 뿐만 아니라 혈압 수치가 떨어지고, 콜레스테롤 수치도 낮아지고, 엔돌핀이 정상치보다 3배 이상 증가되며, 면역력이 향상된다. 한마디로 건강해진다는 것이다.

뿐만 아니라 자아와 정체성이 함께 발달한다. 이타주의가 자기 긍정으로 이어지고, 자기 긍정이 자아 발전으로 이어지는 선순환이 이루어지게 된다. 이렇듯 타인을 돕는 것은 자신이 더 큰 혜택을 누리고 도움을 받는 결과를 가져온다. 그렇다면 봉사는 베푸는 것이 아니라 서로 도움을 주고받는 아름다운 나눔인 것이다. 봉사 활동을 하는 사람들, 타인을 돕는 일을 즐기는 사람들은 그렇지 않은 사람들보다 매사에 긍정적이고 행복 지수가 높다는 연구 결과도 있다.

스스로 불행하다고, 우울하다고 느낀다면 지금 당장 주위 사람들을 도와줄 일이 없는지 찾아보고 실천해 보라. 그러면 그토록 찾아 헤매던 행복을 발견하게 될 것이다.

행복은 물을 닮았다

인류 역사를 뒤돌아봤을 때 정복자는 승리자일 지는 몰라도 모두 행복하지는 못했다. 타인을 위한 삶이 아니었기 때문이다. 그러나 타인을 위해 살아가는 사람들은 가진 것이 없고 남들이 우러러보는 업적을 쌓지 못하더라도 삶이 행복하다.

행복은 마치 어두운 밤을 밝히는 등불과 같다. 그 빛을 볼 수 없는 맹인이라 할지라도 등불로 다른 사람들의 밤길을 밝혀 줌으로써 그 사람들이 행복해하는 마음을 통해 행복해질 수 있다. 이것이 바로 이타주의자들만이 누릴 수 있는 고차원적인 행복이다.

선물을 하는 사람은 선물을 받는 사람의 기뻐하는 모습을 통해 더 큰 기쁨을 느낀다. 장미꽃을 누군가에게 건넨 사람의 손에는 장미꽃 향기가 오랫동안 남는 법이다. 자신의 것을 나누어 줄 때 더욱더 많은 행복이 흘러 들어오기 때문에 행복은 물과 같은 성질을 가지고 있다.

행복은 낮은 곳으로 흘러가면서 자신을 비워 내는 물을 닮았다. 행복은 물과 같아서 낮은 곳을 바라보고 낮은 곳을 향해 움직이기 때문에 높은 곳만 향해 갈 때에는 행복할 수 없다. 욕망, 집착, 불평, 불만으로 가득 차 있다면 행복은 우리 삶에 흘러 들어올 수 없다. 그것들이 행복을 가로막고 있기 때문이다.

낮은 마음을 품지 않는다면 타인을 자기 자신처럼 생각하고 도와줄 수 없다. 자신을 스스로 낮추지 않는 사람은 다른 사람들 위에 군림하는 것을 좋아한다. 이런 사람들은 타인에 대해 참된 섬김과 봉사를 할 수 없다. 스스로 낮춰야 비로소 타인을 섬길 수 있고, 이렇게 낮아진 마음으로 행복이란 물이 흘러 들어와 넘치게 된다. 그래서 큰 바다를 이루려면 가장 낮아져야 한다.

우리가 온전히 행복하지 못한 이유 중의 하나는 다른 사람을 온전하게 인정하고 받아들이지 못하기 때문이다. 나 자신이 신의 피조물이듯 타인 역시 신의 피조물이다. 누군가를 미워하고 비난하고 분노를 품으면 그 사람도 미워하고 비난하고 분노를 품게 된다. 이것은 행복한 상태가 아니다.

"당신이 온전히 기쁘지 못한 이유는 신의 창조물인 누군가를 충만한 사랑으로 대하지 않았기 때문이다."

〈행복을 내일로 미루는 바보〉의 저자인 로버트 홀든Robert Holden이한 말이다. 이 말은 우리가 온전히 행복하지 못한 가장 근본적인 원인을 밝히고 있다. 다른 말로 표현하면, 우리가 온전하게 행복할 수 없는 근본적인 이유는 성공하지 못했거나 돈이 없기 때문이 아니라 바로 이기심 때문이다. 우리 자신만 생각하는 이기심은 존재의 본질을 부정한다. 우리는 함께하게끔 만들어진 존재, 즉 사회적 동물인 것이다.

이기심은 불행을 낳고 타인을 향한 용서를 가로막는다. 타인을 용서하지 못할 때 더 큰 피해를 입는 사람은 상대방이 아니라 바로 자기 자신이다. 결국 분노와 원한의 종이 되어 진정한 자유를 만끽할 수 없기 때문이다. 종의 상태, 무엇인가에 얽매여 있는 불완전한 상태, 불안한 상태이니 행복할 수 없는 것이다.

자기 자신을 남들보다 더 사랑하는 것은 바로 나르시시즘인데, 타인의 말 한마디에 깊은 상처를 받고 슬퍼하는 것도 이 때문이며, 자신의 작은 실수 하나로 인해 오랫동안 후회하며 자신을 용서하지 못하는 것도 이 때문이다. 우리 인류가 행복한 사람보다 불행한 사람이 더 많은 이유도 결국에는 나르시시즘 때문인 것이다.

인류 역사를 통해 살펴볼 때 진정 행복하고 가치 있는 삶을 살았던 사람은 자신을 사랑했던 사람들이 아니라 박애 정신을 가지고 그것을 실천했던 사람들이다. 단 하루라도 주위의 사람들에게 관심을 가지고 도와주려고 노력해 보라. 믿기지 않을 정도로 행복하고 넉넉한 마음의 평안을 체험할 것이다.

가장 유효 기간이 긴 행복은 다른 사람을 도와줄 때의 행복으로 나타났다. 이는 소냐 류보머스키가 20년 동안 과학적으로 행복해지는 법에 대해 연구한 결과다. 소냐는 다음과 같은 중국 속담을 인용해 행복의 유효 기간에 대해 설명하고 있다.

한 시간 동안 (행복해지기 원한다면) 낮잠을 자라.

하루 동안 (행복해지기 원한다면) 낚시를 하라.

한 달 동안 (행복해지기 원한다면) 결혼을 하라.

1년 동안 (행복해지기 원한다면) 유산을 받으라.

평생 동안 (행복해지기 원한다면) 다른 누군가를 도와라.

온전한 사랑을 할 수 있는 사람은 온전히 행복해질 수 있다. 온전히 사랑을 실천하는 사람은 어느 누구도 사랑하고 용서할 수 있으며 그럴 때 온전히 행복해질 수 있기 때문이다. 이기주의나 나르시시즘이 행복을 가로막는 것은 자신에 대한 잘못된 집착 탓이다. 자기 자신까지 온전히 사랑하는 사람은 자신을 온전하게 받아들이고 인정하며 지금의 자신에 대해 감사하고 만족할 줄 안다. 그러나 이기심이나 나르시시즘은 자신에게 지나치게 집착하며 오직 자신만 최고라고 생각한다. 이런 상태는 행복이 아닌 불행으로 이끌어 파멸로 이어지게 된다.

심리학의 새로운 화두가 된 '행복학'의 권위자들은 한결같이 행복해지기 위한 방법을 제시한다. 그중에서 영국 BBC 다큐멘터리인 〈슬

라우 행복하게 만들기〉를 주관했던 6명의 행복 전문가들이 제시한 행복 헌장 10계명 중에는 매일 누군가에게 친절을 베풀라는 항목이 있다. 행복해지기 위해서는 타인에게 친절을 베풀고 타인을 행복하게 해 주어야 한다는 것이다. 그렇게 되면 수입이 두 배로 늘어난 것만큼 행복하며 수명도 더 길어지고 건강해진다고 한다.

또한 행복해질수록 타인을 더 잘 도와준다고 한다. 이러한 현상을 심리학에서는 '기분이 좋을 때 선행도 더 잘하는 현상feel-good, do-good phenomenon'이라고 한다. 즉, 자신이 행복해져야 다른 사람을 도와주고 행복하게 해 줄 수 있다는 것이다.

그렇다면 타인을 돕기 위해 우선 무엇을 해야 할까? 해답은 친절이다. 친절을 베푸는 행동은 선행인 동시에 일종의 몰입을 경험하게 한다. 이러한 몰입의 경험은 행복감으로 느껴진다. 친절한 행동은 자신만을 위한 행동과는 차원이 다른 것으로, 자신을 위해 행동하는 것보다 더 큰 만족감을 주고 오랫동안 유지된다. 긍정 심리학의 창시자인 셀리그먼 박사는 친절에 대해 이렇게 설명했다.

"친절한 행동을 하려면 그 일에 역량을 집중하고 도전을 받아들여야 한다. 친절은 단순한 쾌락처럼 긍정적인 감정을 잠깐 느끼고 마는 것이 아니라, 오히려 온 존재가 그것에 빠져들면서 자신을 잊게 되는 과정이다. 즉, 시간이 멈추는 것이다."

그의 말대로 타인에게 친절을 베푸는 것은 타인을 위한 것이 아니라 그 과정을 통해 우리가 더 큰 행복을 느끼게 되는 일인 것이다.

행복은 물질이 아니라 마음에서 나온다

"행복해지려고 마음먹은 만큼 우리는 행복해질 수 있다. 우리를 행복하게 만드는 것은 우리를 둘러싼 환경이나 조건이 아니라, 늘 긍정적으로 세상을 바라보며 아주 작은 것에서부터 행복을 찾아내는 우리 자신의 생각이다."

–에이브러햄 링컨

우리가 행복해지기 위해 필요한 것은 조건이나 환경이 아니라 마음뿐이라는 사실을 명심하자. 무엇을 생각하든 그 생각 이상은 우리가 올라갈 수 없는 것처럼 행복 역시 마찬가지다. 우리가 생각할 수 있는 행복이 바로 우리가 누릴 수 있는 행복이다. 마음에 품지 못하는 행복은 누릴 수 없다. 〈내 인생을 바꾼 긍정의 힘〉의 저자인 조엘 오스틴Joel Osteen은 이러한 사실을 강조했다.

"마음에 품지 않은 복은 절대 현실로 나타나지 않는다. 마음으로 믿지 않으면 좋은 일은 결코 일어나지 않는다. 우리의 적은 우리의 마음속에 있다. 하나님의 자원이나 우리의 재능이 부족해서 성공하지 못하는 것이 아니다. 하나님이 주신 복을 제대로 누리지 못하는 원인은 바로 우리의 잘못된 생각 때문이다."

그의 말처럼 하나님은 우리에게 선택할 수 있는 힘과 그 선택에 따라 얼마든지 앞으로 나아갈 수 있도록 허락하신다. 생명과 장수, 부귀 그리고 사망과 저주를 우리 앞에 두시고 선택하도록 하셨다. 우리는 선택을 통해, 생각을 통해 우리의 삶을 얼마든지 바꿀 수 있는 존재다. 우리는 크고 위대한 생각을 하면 그런 사람이 될 수 있다. 평범한 생각을 하면 결국 그 정도의 사람이 된다. 우리는 행복한 생각을 하면 행복한 사람이 될 수 있다. 반대로 슬픔과 고통만 생각하면 슬픔과 고통으로 가득 찬 사람밖에 될 수 없다. 이것은 자연의 법칙이다.

이것은 유유상종의 법칙, 인력의 법칙이기도 하다. 부를 생각하면 부가 다가오고 성공을 생각하면 성공이 다가온다. 그리고 행복을 생각하면 행복이 우리에게 오게 되어 있다. 생각 그 자체가 우리를 이끌어가기 때문이다. 생각은 에너지를 갖고 있을 뿐만 아니라 발산하면서 일정한 파동을 만들어 낸다. 저 우주 반대편에 있을지라도 같은 파동을 가지고 있는 것들을 깨워서 끌어당기게 된다. 그래서 착한 생각을 하는 착한 사람 주위에는 착한 사람이 많이 모여들고 나쁜 생각을 하는 사람 주위에는 사기꾼이 많이 모여들게 되는 것이다.

비슷한 생각을 가진 사람들이 서로 끌어당겨서 친해지는 것은 생각이 일종의 에너지와 파동을 가지고 있고 끊임없이 발산하기 때문이다. 이러한 유유상종의 법칙을 데일 카네기Dale Carnegie의 말을 통해 살펴보자.

"행복한 일을 생각하면 행복해진다. 비참한 일을 생각하면 비참해진다. 무서운 일을 생각하면 무서워진다. 병을 생각하면 병이 든다. 실패에 대해서 생각하면 반드시 실패한다. 자신을 불쌍히 여기고 헤매면 배척당하고 만다."

생각이 곧 우리이며, 생각만큼 성장할 수 있고 행복할 수 있다. 이는 많은 위인들이 경험한 것으로, 그중 한 사람인 노먼 빈센트 필Norman Vincent Peale 박사는 "인간은 자신이 생각하는 그러한 자기가 아니라 생각 그 자체가 그 사람이다."라고 말했다. 로마의 황제 아우렐리우스는 "사람의 일생은 그 사람의 생각이 만들어 내는 것이다."라고 말했고, 에머슨은 "그가 하루 종일 생각하고 있는 것, 그것이 그 사람의 본질이다."라고 말했다. 또한 애덤 잭슨Adam Jackson은 〈행복의 비밀〉에서 "행복한 사람과 불행한 사람의 차이는 그들이 처한 환경에 있는 것이 아니라 그들의 마음가짐에 있다."라고 했고, 〈위대한 생각의 힘〉의 저자인 제임스 앨런James Allen은 "사람을 성공시키거나 파멸시키는 것은 다름 아닌 그 자신의 생각이다. 그래서 사람은 자신이 생각하는 대로 된다."라고 했다. 또 존 밀스John Mills는 "삶이란 우리 인생에 어떤 일이 생기느냐에 따라 결정되는 것이 아니라 우리가 어떤 태도를 취하느냐에 따라 결정된다."라고 말했다.

〈포브스〉가 선정한 부자 400명에 대한 인터뷰 조사 결과, 그들은 아무리 돈이 많아도 아프리카 마사이족의 행복 수준과 동일하다고 밝혀졌다. 이 사실은 발표한 일리노이대학의 심리학 교수 에드워드 디에너Edward Diener에 따르면, 부자 400명은 일반인들보다 조금 더 행복할 뿐이며 아프리카 마사이족의 행복 수준과 거의 동일하다고 한다. 부자들이 부자가 되기 위해 투자한 노력과 시간을 상대적으로 비교해 보면 아프리카의 마사이족이 훨씬 더 바람직한 행복을 누리고 있는 셈이다. 세상에서 가장 가난한 사람들이 세상에서 가장 부유한 사람들과 비슷한 행복을 누린다는 사실을 통해 행복이 우리의 마음가짐에서 비롯된다는 사실을 다시 한 번 확인할 수 있다.

"행복은 자신의 바깥에 있는 것이 아니라 마음속에 있음을 알아야 한다."

쇼펜하우어의 말처럼 행복은 외부의 조건에 있는 것이 아니라 우리의 마음속에 있다. 우리가 어떻게 마음먹느냐에 따라 지금 행복할 수도 있고 불행할 수도 있다.

아리스토텔레스는 "행복은 우리가 마음먹기에 달려 있다"고 했다. 지금 이 순간 행복하다고 마음먹어라. 지금 행복하지 않다면 큰 손해를 자초하는 것이다. 이런 결과를 만드는 것은 다름 아닌 우리 자신이다.

똑같이 대학교 입학시험에서 떨어졌지만 한 사람은 전진할 수 있는 기회로 삼아 1년 후 더 나은 대학, 더 좋은 학과에 입학하기로 마음먹었다. 그랬더니 재수하는 1년 동안이 힘들고 불행한 시기가 아니라 보다 나은 대학에 가기 위해 전념하는, 자신의 능력을 시험해 보는 흥미진진한 시간이 되었다. 반면에 다른 한 사람은 이와 정반대로 생각했다. 크게 좌절한 나머지 하루하루 방황하면서 목표나 희망도 없이 시간을 허비했다. 그 결과 공부할 시기를 놓쳐 버려서 대학 입학을 기대할 수 없게 되었고 결국 길거리에서 장사를 하며 살아가게 되었다.

여기서 우리는 마음먹기, 즉 생각의 차이가 어떤 결과를 가져오는지 알 수 있다. 전자와 후자의 결과는 실력이나 행운, 환경이 아니라 오직 생각의 차이에서 비롯되었을 뿐이다. 즉, 생각의 차이가 평생의 행복과 불행을 가르는 중요한 계기가 된 것이다.

불행한 사건이나 일은 없다. 다만 그것에 대한 해석만 있을 뿐이다. 어떤 일이 더 나은 행복을 위한 초석이 될 것이라고 굳게 믿는 사람에게는 더 이상 불행한 일이 아니다. 오늘부터 행복해지리라 결단하고 선포하라.

"나는 행복하다."

행복은 과학이다

힘껏 벽을 밀면 힘을 준 만큼 뒤로 밀려난다. 마찬가지로 누군가에게 불평을 하면 그와 비슷한 것을 고스란히 되돌려받고, 칭찬과 감사를 하면 그와 비슷한 것을 되돌려받게 된다. 이는 '작용과 반작용의 법칙'이다. 모든 작용에는 그에 상응하는 반작용이 있다는 것으로, 우리가 무엇을 생각하든 그 생각과 동일한 성질의 것이 그 힘과 동일한 크기로 우리에게 되돌아오게 되어 있다. 그러므로 행복을 생각하면 행복을 되돌려받고 행복해질 수 있다. 행복도 과학의 법칙을 따르는 것이다.

이것은 현대 물리학의 진동 이론을 토대로 한다. 현대의 많은 물리학자들은 물질세계가 모두 진동하는 에너지로 이루어져 있다고 본다. 진동하는 에너지 다발의 진동 속도에 따라서 고체가 되기도 하고 다른 물질이 되기도 한다는 것이다. 즉, 진동하는 작은 에너지 다발 혹은 진동하는 작은 끈이 물질의 근본이라고 주장하는데 이것을 '초끈 이론'이라고 한다. 이것은 거시적 세계에서 나타나는 중력 현상을 설명하는 상대성 이론과 부합하고 미시적 세계에서 나타나는 양자역학과 부합하는 이론이다. 즉, 두 세계를 모두 설명할 수 있는 유일한 이론이기도 하다.

여기서 중요한 것은 물질의 근본이라고 생각하는 진동, 즉 에너지는 우리의 생각이 만들어 낸다는 사실이다. 생각의 에너지가 세상을 향해 진동을 일으키며 물결치는 것이다. 우리가 어떤 생각을 하든 그 생각과 일치하는 진동, 즉 에너지가 생성되고 그것이 진동하면서 그것과 일치하는 상호 작용의 현상이 발생한다. 그래서 우리가 세상을 향해 무엇을 내주건 반드시 그와 동일한 것을 다시 돌려받게 되는 것이다. 행복을 생각하면 행복을 돌려받는다는 것이 과학적 근거를 가진 행복의 비결이다.

고대 철학자 플라톤은 이 사실을 잘 알고 있었다. 그는 "현실은 생각에 의해 창조된다. 우리는 생각을 바꿈으로써 현실을 바꿀 수 있다"고 했다. 즉, 생각을 바꾸면 바뀐 만큼의 진동이 일어나게 되고 그 진동과 일치하는 에너지를 돌려받는 것이다.

로마 시대의 아우렐리우스는 "인간의 삶은 바로 그 자신의 생각이 만들어 낸 것이다"라고 말했다. 그의 말대로 생각은 우리의 삶을 행복하게 만들 수도 있고 그 반대로도 만들 수 있다.

"내 집이 불타 없어졌지만 이제 나는 달을 볼 수 있게 되었다"라는 중국의 옛 속담도 있다. 행복의 기술은 바로 불행한 사건이나 현실 앞에서도 마음가짐을 달리하는 것이다. 집이 불타 없어졌어도 불행해하거나 슬퍼하는 것이 아니라, 그 전에는 미처 보지 못했던 달을 마음껏 볼 수 있게 되었으니 이것도 나쁘지 않다는 마음가짐이 바로 행복의 비결이다.

〈적극적 사고방식의 힘〉의 저자인 노먼 빈센트 필은 행복할 수 있는 가장 효과적인 방법이 '마음 고쳐먹기'라고 주장한다.

"당신의 생각을 바꿔라. 그러면 세상이 바뀔 것이다. 행복은 마음먹기 습관을 바꾸려는 노력이다. 행복하다는 생각을 매일 하라. 즐거운 생각을 하면 삶은 끊임없는 즐거움으로 가득 찰 것이다."

우리는 몸에 대해서는 누구나 잘 알고 있지만 마음에 대해서는 잘 모른다. 즉, 영양을 고려한 식사를 하고 매일 운동을 하면 우리의 몸은 그만큼 튼튼해져서 건강을 얻게 된다. 하지만 정크푸드를 먹고 운동도 하지 않으면 몸 어딘가에서 삐걱대는 소리가 날 것이다. 몸은 이렇게 직접적인 반응을 나타낸다.

마음은 이보다 더 놀라운 반응을 보인다. 마음속에 행복이라는 씨앗을 심으면 행복이라는 풍성한 열매가 맺히고, 불행이라는 씨앗을 심으면 불행이라는 열매가 맺힌다.

아주 작은 생각의 차이가 인생 전체를 행복과 불행으로 갈라 놓는다. 이것을 필자는 '생각의 나비 효과'라고 부른다. 생각의 나비 효과는 미국의 기상학자인 에드워드 로렌츠Edward Lorenz가 "나비의 날갯짓 한 번이 날씨를 변화시키기에 충분하다"라고 한 말에서 유래된 나비 효과를 토대로 한 것인데, 사소한 생각이 우리의 인생에 엄청난 효과와 결과의 차이를 만들어 낼 수 있다는 것이다.

심리학자 매슬로Abraham Maslow도 이러한 사실을 잘 알고 있었다. 그는 "마음가짐을 바꾸면 그것이 눈덩이처럼 커져서 결국에는 인생이 달라진다"고 말하며 다음과 같이 덧붙였다.

"마음가짐을 바꾸면 태도가 달라진다. 태도가 바뀌면 습관이 달라지고 습관이 바뀌면 성격이 달라진다. 그리고 성격이 바뀌면 인생이 달라진다."

영국의 시인 존 밀턴John Milton은 마음을 바꾸기만 하면 지옥과 같은 환경에서도 천국을 경험할 수 있다면서 다음과 같이 말했다.

"마음은 자신이 머무는 집이므로 마음만으로 지옥에서 천국을, 천국에서 지옥을 만들 수 있다."

참으로 옳은 말이다. 행복해지는 데는 어떠한 자격증도 필요치 않고 시험도 치를 필요가 없다. 행복해지기 위해 어떠한 고행이나 대가도 필요 없다. 다만 마음을 바꾸면 된다. 마음을 바꾼다는 것은 삶에 대한 인식과 견해를 바꾸는 것이다. 다시 말해, 인생을 어떻게 보느냐에 따라서 행복이 지금 곁에 있을 수도 있고 이 세상 어디에도 없을 수도 있다.

어떤 마음을 먹느냐에 따라 행복할 수도 있고 불행할 수도 있다는 것이다.

에픽테토스Epictetus는 "네가 마음먹기에 따라서는 까마귀도 길조가 될 수 있다"고 말했다. 무엇이든 감사하면 그것은 감사의 조건이 되고, 무엇이든 불평하면 그것은 불평의 조건이 된다. 이러한 이치가 행복에도 그대로 적용된다. 무엇이든 행복해하면 그것은 행복의 조건이 되고, 무엇이든 불행해하면 그것은 불행의 조건이 된다. 마음이 우리 삶의 행복과 불행을 결정하는 것이다.

오스트리아의 정신의학자인 빅토르 프랑클은 다음과 같이 말했다.

"행복은 쫓아가서 잡을 수 없으며 어떤 일의 결과로서 나타나야만 한다. 인간이 행복하려면 행복해야 할 이유가 있어야 한다. 일단 행복해야 할 이유를 찾으면 인간은 저절로 행복해진다. 인간은 행복을 찾는 존재가 아니라 본래부터 잠복해 있는 잠재적 의미를 실현함으로써 행복할 이유를 찾는 존재다."

그의 말처럼 인간은 행복을 찾고 좇는 존재가 아니라 우리의 삶 속에 본래부터 있는 의미를 찾고 의미를 실현함으로써 행복할 이유만 찾으면 행복해질 수 있는 존재다. 그렇다면 우리는 생각과 마음먹기에 따라서 얼마든지 행복의 의미를 찾을 수 있고 그로 인해 얼마든지 행복해질 수 있는 것이다.

또한 마음먹기에 따라서는 우리를 불행하게 했던 조건이 행복해지는 조건이 된다. 그래서 프랭클린 루스벨트는 다음과 같이 말했다.

"인간은 운명의 포로가 아니라 단지 자기 마음의 포로일 뿐이다."

지금 생각하는 것이 무엇이든 그 생각은 우리를 이끌어 미래의 모습을 결정짓는다.

"사람은 자신이 생각하는 모습대로 된다. 지금 자신의 모습은 자신의 생각에서 비롯된 것이다. 내일 다른 위치에 있고자 한다면 생각을 바꾸면 된다."

데이비드 리버먼David Lieberman의 말이다. 지금 행복하다면 그것은 생각에서 비롯된 것이다. 그리고 지금 불행하다면 그것 역시 생각에서 시작된 것이다. 그러므로 내일 행복하려면 지금 생각을 바꿔야 한다. 생각은 큰 힘을 가지고 있다. 보잘것없는 진흙도 도공의 손을 거치면 아름답고 유용한 물건이 될 수 있듯이, 삶의 조건이 아무리 볼품없어도 훌륭한 생각을 거치면 행복한 삶을 살아갈 수 있다.

부양해야 할 가족들 때문에 자기 마음대로 삶을 살아가지 못하는 사람이라도 불행할 이유가 없다. 그 조건도 행복의 조건이라는 사실을 알아야 한다. 혼자 사는 사람은 아무리 돈이 많아도 함께 기뻐하고 누릴 가족이 없기 때문에 성공의 의미가 퇴색되어 버린다. 또한 스트레스를 주는 직장도 생계의 부담을 덜어 주고 궁핍에서 벗어날 수 있게 하므로 행복의 조건이 된다. 공기는 비행기가 앞으로 나아가는 것을 방해하는 동시에 공기와의 마찰은 비행기가 날 수 있는 조건이기도 한 것이다.

헬렌 켈러는 이렇게 말했다.

"행복의 문 하나가 닫히면 다른 문 하나가 열린다. 그러나 우리는 닫힌 문만 바라보다가 열려 있는 다른 문을 보지 못한다."

우리가 행복의 다른 문을 보지 못하는 더 큰 이유는 마음의 문이 닫혀 있기 때문이다. 이 세상을 향해 마음의 문을 열면 행복의 다른 문을 볼 수 있다.

4
Chapter

행복한 사람

나는 모든 존재가 행복의 필연적인
운명을 갖고 있다는 사실을 본다.

– 랭보 –

행복을 좇지 않지만 행복한 사람

"저걸 가질 수만 있다면 정말 행복할 텐데!"

"성공만 한다면 정말 행복할 텐데!"

"로또에 당첨만 된다면 정말 행복할 텐데!"

위의 소원이 이루어지면 정말 행복해질까? 절대 아니다. 오히려 더
큰 욕망과 소유욕이 생겨서 작은 것에 만족하는 행복을 잃어버리게 된
다. 성공한 많은 사람들은 말한다. 성공을 해도 행복이 자동적으로 주
어지지 않는다고. 로또에 당첨된 사람들 대부분은 1년 이내에 파산하
거나 이혼하거나 아니면 그 전보다 훨씬 더 불행해진다는 것이 통계로
밝혀졌다. 통계에 의하면 거의 80% 이상의 사람들이 파국으로 치닫고,

나머지는 다행스럽게도(?) 로또가 당첨되기 전과 비슷한 수준의 삶을 산다고 한다. 물론 1%의 예외는 있다.

행복한 사람은 어떤 상황에 처해도 용수철처럼 다시 행복해질 수 있다. 그리고 불행한 사람은 어떤 좋은 일이 일어나도 용수철처럼 다시 불행한 삶으로 되돌아간다. 아무리 큰돈을 벌어도 그 전에 불행했던 사람들은 여전히 불행하다. 아무리 큰 사고를 당해도 그 전에 행복했던 사람들은 다시 행복해진다. 이것이 바로 행복한 사람과 불행한 사람의 차이점이다.

어떠한 조건이나 사건, 혹은 형편이 그 사람을 행복하게 또는 불행하게 만드는 것이 아니라, 행복한 사람은 행복을 좇지 않아도 여전히 행복하게 살아가고 불행한 사람들은 행복을 포기하지 않았음에도 불구하고 여전히 불행하다. 로또 당첨자의 사례는 행복이 외적 조건에 의해 결정되는 것이 아니라 내적 조건, 즉 내적 상태에 의해 영향을 받는다는 것을 뒷받침해 준다.

행복한 사람은 행복을 좇지 않고 그것을 찾으려고 안달하지 않지만 그냥 행복하게 살아간다. 이것은 아침에 일찍 일어나는 습관을 가진 사람이 늦게 잠자리에 들어도 항상 일어나던 시간에 저절로 눈이 떠지는 것과 같다. 행복한 사람은 어떠한 결단이나 특별한 수행 없이 그저 행복한 삶을 누리는 것이다. 행복은 자전거 타기와 같이 일단 배우고 난 후에는 힘들이지 않고 즐길 수 있다.

수영을 배울 때도 처음 백 미터를 가기 위해서는 엄청난 힘과 노력이 필요하지만 일단 수영을 배우고 나면 힘들이지 않고도 너끈히 몇 백 미터를 완주할 수 있다. 행복도 이와 같다. 일단 행복한 사람이 되면 힘들이지 않고 자연스럽게 즐기며 행복할 수 있는 것이다. 행복의 고수가 되면 특별한 이유가 없어도, 특별히 노력을 기울이지 않아도 행복할 수 있다.

우리가 아무런 이유 없이 행복할 수 있는 것은 행복하게 존재하는 것이 가장 이상적이고 바람직한 상태이기 때문이다. 슬픔과 분노와 두려움으로 가득 차 있는 상태는 비정상이며, 기쁨과 즐거움과 행복으로 가득 차 있는 상태가 정상적인 상태인 것이다. 이유가 있어서 슬퍼하는 것은 정상이지만 이유가 없다고 행복하지 않은 것은 비정상이다.

세상에는 공짜가 없다지만 이 세상을 가득 채우고 살아가는 우리 자신, 즉 우리의 인생과 우리의 존재는 사실상 공짜다. 우리가 인간이 되기 위해 어떠한 노력을 한 것이 아니기 때문이다.

랭보는 행복의 운명에 대해 이렇게 말했다.

"나는 모든 존재가 행복의 필연적인 운명을 가지고 있다는 사실을 본다. 행복은 나의 필연적인 운명이다."

그의 말처럼 행복은 우리의 필연적인 운명이므로 우리는 지금 이 순간 행복할 수 있는 운명을 가진 존재다. 행복을 좇지 않아도 그냥 행복하게 살아갈 수 있는 것이다.

"성공은 바라는 것을 얻는 것이고 행복은 얻는 것을 바라는 것이다."

데일 카네기의 말대로라면 행복은 쫓는 것이 아니라 이미 가진 것을 누리는 것이다. 획득하고, 쫓고, 거머쥔다는 개념은 행복의 본질과 어울리지 않는다. 'happiness'의 어원은 '발생한다'는 뜻의 'happen'이다. 이런 의미처럼 행복은 삶을 통해, 마음과 행동을 통해 발생되어야 하는 것이다.

영어 'happy'는 고대 스칸디나비아 어인 'happ'에서 유래했다고 한다. 그리고 이 말의 원래 뜻은 '행운'이다. 생각해 보라. 우리가 얼마나 행운아인지! 우리는 큰돈을 벌거나 성공해야만 행복해질 수 있는 사람들이 아니라 우리 내면에 이미 행복해질 수 있는 모든 것을 갖추고 있는 것이다.

철학자 스피노자의 말에 따르면, 인간의 특성상 인간은 스스로 감정에서 벗어날 수는 없지만 노력이나 지혜를 통해 자기 내면 안에서 스스로 행복한 감정을 만들어 낼 수 있다. 즉, 그는 자기 안에 행복의 영역을 넓게 확보하고 있기 때문에 감정은 하찮은 것이 된다고 했다. 그렇기 때문에 지혜로운 사람들은 충분히 감정을 뛰어넘어 행복한 삶을 살아갈 수 있다는 것이다.

행복한 사람들이 행복할 수 있는 이유 중의 하나는 자기 자신 안에만 갇혀 살아가지 않기 때문이다. 불행한 사람들은 자기 자신 안에 갇혀 살면서 오로지 행복과 성공을 좇기 때문에 불행한 것이다. 그러나 행복한 사람들은 자기 자신에서 벗어나 세상을 넓게 멀리 보기 때문에 사소한 감정이나 현실을 초월해 행복한 삶을 살 수 있는 것이다.

"인간의 더 없는 행복은 아주 드물게 얻을 수 있는 행운의 조각들이 아닌 날마다 얻을 수 있는 조그만 기쁨들로 만들어진다"는 벤저민 프랭클린의 말처럼 일상의 소소한 기쁨이 행복한 삶으로 이어진다. 우리가 존재하고 살아가는 이 모든 것이 행복이며 감사의 조건이다. 그러니 행복을 좇는 어리석은 욕심을 포기하고 삶을 있는 그대로 인정하고 받아들인다면 행복해질 수 있다.

행복과 성공의
상관관계

　　행복한 사람은 창조적이고 활동적이다. 그래서 아침에 다른 사람들보다 더 빨리 일어나고 늦게 잠자리에 들지만 누구보다 더 열정적이며 지치지 않는다. 이런 사람이 성공하는 것은 당연하다. 연구 결과, 행복한 사람들이 그렇지 못한 사람들보다 더 지적이고 창조적이며 독창적이기 때문에 문제 해결력이 높고 복잡한 상황에서 더 현명한 선택과 결단을 하게 된다고 한다. 또한 행복한 아이들이 그렇지 못한 아이들보다 공부를 더 잘한다는 연구 결과도 있다.

　　결국엔 행복한 사람이 성공하게 되어 있다. 가장 바람직한 인간의 상태는 건강하고 행복한 상태이며, 이러한 상태일 때 가장 인간답다.

가장 인간답다는 것은 가장 지적이고 지혜롭고 창의적인 상태라는 의미다. 그래서 행복한 사람들이 그렇지 못한 사람들보다 훨씬 더 지적이고 창의적이며, 행복한 기업이 돈을 벌고, 행복한 학생이 성적이 좋고, 행복한 주부가 가정을 살리고, 행복한 나라가 부강해지는 것이다.

한 예로 미국 최고의 온라인 패션 쇼핑몰 회사인 재포스Zappos를 살펴보자. 무일푼의 쇼핑 회사가 10년 만에 1조 원대의 매출을 올리게 된 경영 노하우는 바로 행복 경영이다. "세상에 행복을 선사한다"는 경영 마인드로 똘똘 뭉쳐서 자신의 행복을 극대화하고, 직원들의 행복을 극대화하고, 고객들의 행복을 극대화하기 위해 노력한 것이다. 고객과 여섯 시간의 통화도 마다하지 않는 상담원은 피자 주문도 당연히 대신해 준다. 고객의 행복을 위해 본사를 고객 센터로 이주했다. 돈만 벌려고 하는 신입사원들에게는 돈을 주어 다른 회사로 내보냈다. 아울러 직원들의 행복을 위해 사원 연수에 코미디를 도입하기도 했다. 수익보다 직원들의 행복을 먼저 고려한 것이다.

무한경쟁 시대에 수익을 최우선으로 하지 않고도 생존할 수 있을지 의문스럽겠지만 재포스는 가능했다. 가장 수익성이 높은 회사, 가장 오래 생존할 수 있는 회사로 평가받고 있는 것이다. 행복한 기업 재포스는 성공과 번영, 돈을 좇지 않았지만 성공하고 번영하고 돈을 벌고 있다.

행복한 사람은 성공하기 위해 애쓰지 않아도 더 성공적인 삶을 살고 결국에는 이기게 된다는 이치는 비단 한 개인에게만 국한되는 것이 아니라 기업과 국가에도 동일하게 적용된다. 국가나 기업을 번영시키는 것은 바로 사람이다. 즉, 기업 경영과 국가 발전의 성패는 결국 사람에게 달려 있다. 그래서 기술과 과학이 눈부시게 발전하고 있는 이 시대에 그동안 외면받았던 인문학이 점점 더 중요하게 부각되고 있는 것이다.

하지만 아무리 인재라고 해도 불평과 불만, 분노와 슬픔으로 가득차 있는 불행한 사람이라면 국가나 기업에 큰 공헌을 할 수 있을까? 성공을 향한 욕망과 독선으로 가득 차 있다면 크게 성공할 수 있을까?

이러한 인재는 크게 성공할 수 없을 뿐만 아니라 자신이 속해 있는 기업이나 국가에도 공헌할 수 없다. 욕망이나 독선에 사로잡히면 눈이 어두워져서 자연의 섭리를 깨닫지 못하게 되고 지혜를 잃기 때문이다. 인간은 자신의 현재 상황에 행복을 느끼고 감사하고 만족할 때 가장 큰 능력을 발휘할 수 있다.

성공에 집착하는 순간 성공은 멀리 달아나고 만다. 행복함으로 자신의 일을 즐기면 성공은 소리 없이 다가올 것이다. 그래서 옛말에 천하를 경영하는 제일의 요체는 '욕심으로 가득 찬 나'를 버리는 데 있다고 했다. '욕심으로 가득 찬 나'를 버리는 순간 마음에 평화가 깃들고 평정심을 유지할 수 있으며, 이러한 평정심은 일이 잘 안 풀릴 때 더욱더 큰 위력을 발휘한다.

무엇인가를 해내기 위해 시도하다 보면 잘될 때도 있지만 아무리 해도 안 될 때가 있다. 그럴 때 욕심을 버리고 마음을 비운 사람과 그렇지 못한 사람은 다르게 반응하는데, 이로써 시련과 고난을 잘 이겨 낼 수 있는 사람인지 아닌지 판가름 난다. 그래서 큰 성공을 이룬 사람들은 대부분 초연함이 몸에 배여 있는 경우가 많다. 행복한 사람보다 시련과 역경을 잘 이겨 낼 수 있는 사람은 없다.

행복은 웃음을 통해 생겨난다

인간은 사회적 동물이라는 명제는 성공과 행복의 비밀을 알려 준다. 연구 결과, 혼자서 살아가는 사람들은 그렇지 않은 사람들보다 훨씬 더 빨리 사망하고, 사회생활을 하는 사람들 중에서도 자신보다 타인을 위하는 사람일수록 오래 산다고 한다. 미시간대학의 스테파니 브라운Stephanie Brown 박사는 타인을 돕고 행복하게 해 주는 노인들은 그렇지 않은 노인들에 비해 오래 살 가능성이 두 배나 높다는 사실을 밝혀냈다.

자기만 생각하는 이기적인 사람들 중에 큰 행복을 누리는 사람은 별로 없다. 이와 반대로 자기보다 타인을 먼저 위하는 사람들은 대부분 행복하다. 왜 그럴까? 러시아의 대문호 톨스토이는 다음과 같이 말했다.

"우리에게 최고의 행복을 안겨 주는 것은 자기 자신에 대한 봉사가 아니라 다른 사람을 향한 봉사다."

〈행복의 정복〉의 저자이며 노벨 문학상을 받은 바 있는, 20세기의 지식인들 중에서 가장 영향력 있고 다양한 활동을 한 영국의 철학자 버트런드 러셀도 이와 비슷한 견해를 가지고 있었다.

"행복이란 다른 사람들도 행복해하는 모습을 보는 데 자신을 바치는 것이다."

이들을 통해 행복한 사람은 자신만 행복하게 하는 사람이 아니라 오히려 타인을 도와주고 행복하게 해 주는 사람이라는 귀결점에 도달하게 된다. 행복한 사람들이 모두 다 타인을 먼저 행복하게 해 주는 사람은 아닐지라도 타인을 먼저 행복하게 해 주는 사람들은 모두 다 행복한 사람이다.

그렇다면 행복한 사람이 되기 위해 실질적으로 행할 수 있는 방법은 무엇일까? 그런 방법이 있기나 한 것일까? 가장 간단하면서도 확실한 방법, 그것은 바로 웃음이다.

"사람은 행복해서 웃는 것이 아니라 웃기 때문에 행복해진다."

심리학의 거장인 윌리엄 제임스William James는 웃음 치료의 토대가 되는 원리를 발견했다. 웃으면 실제로 몸에서 여러 가지 호르몬 분비와 생체 반응이 일어나며 몸과 마음이 훨씬 더 건강해진다.

감정은 웃거나 우는 표정을 짓게 만들며, 얼굴 표정에 따라서 행복해지거나 불행해질 수 있다는 것은 현대에 와서 밝혀진 사실이다. 그 증거로, 보톡스(보툴리움 독소를 이용하여 신경장애, 근육 질환 등을 치료하는 데 사용되는 약물)를 근육에 주사하면 신경전달물질을 막아 주름살이 생기지 않게 하는 효과가 있는데, 그로 인해 일시적으로 우울증이 완화된다. 물론 부작용이 있을 수 있고 일시적이긴 하나 강제적으로라도 인상 쓰는 것을 막아 주고 밝은 표정을 짓게 함으로써 그에 따라 몸과 마음도 밝아지고 행복해지는 것이다.

또한 미국의 한 심리학자는 우울증에 빠지는 간단한 원리를 밝혀냈는데, 한숨을 하루에 천 번씩, 3개월만 지속하면 대부분의 사람들이 우울증에 걸리게 된다고 한다. "많이 웃는 사람은 행복하고 많이 우는 사람은 불행하다"고 쇼펜하우어도 말하지 않았던가.

웃음을 통해 불치병에서 벗어나 행복한 삶을 되찾은 사람들은 매우 많다. 그중에서도 유명한 사람이 노먼 커슨스Norman Cousins다. 그는 시한부의 불치병 환자였다. 그러나 죽음을 눈앞에 둔 상황에서 웃음이 자신의 병을 고쳐 줄 것이라는 희망을 발견하고 날마다 코미디를 시청하며 웃고 또 웃었다. 그 결과 불치병이 완치되었고, 그는 자신의 체험을 〈질병의 분석〉이라는 책을 통해 세상에 알렸다. 그는 웃음이 최고의 명약이며 최고의 건강 비결이라고 말한다.

건강하니까 행복한 것은 사실이지만 행복하니까 건강해지는 것도 사실이다. 행복한 사람은 얼굴 표정이 밝고 항상 웃는다. 그리고 이러한 몸과 마음의 상태가 건강에도 영향을 주어 행복한 사람들은 대부분 건강하다.

그러나 아무리 건강한 사람이라도 몇 달 동안 분노와 스트레스, 긴장과 압박 속에서 살면 건강이 악화될 것이 분명하다. 모든 병은 마음에서 비롯되고 심한 분노, 스트레스, 긴장, 억압 등이 병으로 이름만 바꾸어 신호를 보내는 것이다. 그러므로 행복한 사람들은 이러한 마음속의 찌꺼기가 없어서 항상 웃는 사람들이다.

이는 깔때기와 빨대의 차이와 같다. 〈유머가 이긴다〉의 저자인 신상훈은 한 교수가 똑같은 강의실에서 똑같은 교재로 똑같이 가르쳤는데도 불구하고 비슷한 능력을 가진 학생들의 성적이 다른 이유는 지식을 받아들이는 유형이 다르기 때문이라고 말한다. 첫 번째 유형은 깔때기와 같이 많은 지식을 받아들이며, 두 번째 유형은 빨대와 같아서 제한적인 지식만 받아들이고 그 양도 매우 적다.

행복한 사람과 불행한 사람의 차이 역시 이러한 깔때기와 빨대 이론으로 설명이 가능하다. 행복한 사람은 자신을 넘어 모든 것에 관심과 호감을 가지고 있다. 항상 마음이 열려 있고 무엇이든 받아들일 수 있는 깔때기 모양의 마음을 가지고 있는 것이다. 이런 마음을 가진 사람들은 사소한 일이라도 그냥 흘려보내지 않고 마음껏 즐거워하며 웃을 수 있다. 이 웃음은 그 사람을 더욱더 행복하게 만든다.

하지만 불행한 사람들의 마음은 빨대와 같아서 입구가 좁아 자신과 직접적으로 관련된 일 외에는 관심도 호기심도 없다. 그래서 세상의 아름다움과 즐거움을 놓쳐 버리고 자신에게 일어나는 기쁜 일마저도 제대로 기뻐할 수 없다. 이러한 표정과 웃음의 빈약함은 그 사람을 더욱더 불행하게 만들어 버린다.

웃음은 우리를 행복하게 하고, 강하게 하고, 현명하게 하고, 건강하게 하고, 능력자로 만들어 준다. 그래서 웃음으로 큰 힘을 얻어서 세계 신기록을 세우기도 한다. 칼 루이스Carl Lewis는 100미터 달리기를 할 때 힘이 부치는 마지막 20미터를 남겨놓고 통쾌하게 웃음으로써 더 빨리 달릴 수 있었다고 한다.

크게 웃으면 신체 에너지가 증가하여 활력이 생긴다는 사실이 심리학자들에 의해 밝혀졌다. 이보다 더 중요한 사실은 행복해서 웃는 것이 아니라 웃으니까 행복해진다는 것이다. 그래서 행복에도 빈익빈 부익부 현상이 존재한다.

행복한 사람들은 최악의 상태에서도 크게 웃는다. 그로 인해 최악의 상태가 바뀌어 더 좋은 기회와 환경이 만들어진다. 옛말대로 웃으면 복이 온다. 웃으면 복이 오고, 복이 오면 더 많이 웃게 된다.

재미있는 프로그램을 보여 주고 30분 동안 즐겁게 웃게 한 그룹과 심각한 내용의 영화나 다큐멘터리를 보여 주고 30분 동안 분위기를 무겁게 한 그룹을 비교한 실험이 있었다. 그 후 매우 어려운 문제를 풀게 했는데, 놀랍게도 30분 동안 즐겁게 웃은 그룹이 그렇지 못한 그룹보다 훨씬 더 문제를 잘 풀었다. 이 두 그룹의 원래 지적 능력은 거의 비슷한 수준이었는데도 말이다.

인간은 심각해지면 뇌가 경직되어 지적 능력의 100%를 발휘하지 못한다. 궁지에 몰린 쥐가 고양이에게 덤비듯 사람도 궁지에 몰리면 어리석은 짓을 과감하게 저지르게 되는 것과 같은 이치다. 크고 환하게 웃으면 뇌에 신선한 공기가 주입되고 뇌세포를 긍정적으로 만들어 평소보다 더 현명해지는 것이다.

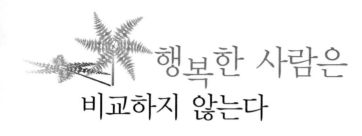

행복한 사람은
비교하지 않는다

행복한 사람은 세상의 것들에 연연해하지 않는다. 그래서 타인과 비교도 하지 않는다. 키에르케고르Kierkgaard의 말대로 "비교는 행복의 종말이며 불만족의 시작"임을 잘 알고 있기 때문이다. 행복한 사람은 자신만의 길을 알고 자신만의 행복을 발견할 줄 안다. 타인의 영향을 받지 않고 자신의 행복한 길을 기쁘게 걸어가는 것이다.

출세와 성공에 집착하는 사람은 그러한 집착이 그 사람을 장악해 버려서 주인 노릇을 한다. 우리 인간은 몸뿐만 아니라 마음이 자유로워야만 행복을 발견할 수 있기 때문에 마음이 욕심과 집착에 매여 있다면 우리는 자유롭지 못하고 그 결과 불행해진다.

〈하루를 살아도 행복하게〉의 저자인 안젤름 그륀은 다음과 같이 말한다.

"자기 자신에게 뭔가를 강요하고 지나치게 부담을 주는 사람은 스스로의 행복을 가로막는 사람이다. 지키지도 못할 다짐을 해 놓고 언제나 마음 한구석에 꺼림칙한 가책을 느끼며 허겁지겁 쫓기는 삶보다는 적당하게 결심하고 자신과의 약속을 제대로 지키는 편이 훨씬 현명하다."

과시욕과 허영심의 노예가 된 사람들은 참된 행복이 아니라 거짓 행복에 빠질 위험이 크다. 그들은 누리는 행복이 아니라 '보여 주는 행복'에 목숨을 걸기 때문이다. 그로 인해 정작 자신은 불행하지만 거짓 행복의 모습을 남에게 보여 주느라 노심초사한다. 이런 사람들은 과시욕과 허영심에 연연해하며 타인의 시선과 평가를 자신의 행복보다 우선시한다. 이들은 참된 행복이 없는 가짜 삶을 살아가는 것이다.

〈우리는 사소한 것에 목숨을 건다〉의 저자인 리처드 칼슨은 이러한 원리를 아주 간단명료하게 표현한다.

"첫째, 사소한 것에 연연해하지 마라. 둘째, 모든 것은 다 사소하다. 이러한 사실을 자신의 삶에 적용시킬 때 당신은 평화와 사랑이 충만한 모습으로 새롭게 태어날 것이다."

세상에 영원한 것은 태양밖에 없다는 말이 있다. 하지만 태양도 영원하다고 장담할 수 없다. 눈에 보이는 것 중에 영원한 것은 아무것도 없다. 그러니 이 세상에 있는 것에 대해 연연해할 필요가 없는 것이다. 성공을 향해 치닫는 인생은 덧없다. 성공을 위해 평생을 노력한다고 해도 성공한다는 보장이 없을 뿐만 아니라 하루아침에 모든 것을 잃을 수도 있기 때문이다.

하지만 하루하루를 행복하게 사는 사람들에게는 인생이 덧없는 것이 아니다. 적어도 행복한 인생을 누린다. 세상의 것들, 심지어 성공과 실패에도 연연해하지 않기 때문에 오히려 더 성공할 확률이 높으며 더 행복한 삶을 영위할 수 있기 때문이다.

행복한 사람들이란 성공을 하게 되면 그 성공을 통해 더 행복해지고 실패를 하게 되면 그 실패를 통해서도 행복해지는 사람들이다. 성공과 실패라는 결과에 상관없이 행복할 수 있는 사람들이기 때문에 이들은 세상의 어떤 것에도 연연해하지 않을 수 있다.

성공을 해서 더 좋은 집과 자동차를 가지게 되더라도 몇 달 지나지 않아 곧 싫증을 내게 되는 것이 바로 인간이다. 좋은 집과 자동차로 인해 우리가 행복해질 수 있는 것은 일시적이며 한계가 있다. 바로 이것이 경제학에서 말하는 '효용 체감의 법칙'이다. 지나치면 부족함만 못하다는 과유불급의 원리가 우리의 삶에 그대로 적용되는 것이다.

행복한 사람들은 과거의 삶에도 연연해하지 않는다. 그래서 이들은 현재를 중시하고 현재를 붙잡으며 현재에 사는 사람들이다. 행복한 사람들은 자신의 실수에 대한 두려움이나 미래에 대한 두려움에 연연해하지 않는다. 자신의 실수에 연연해하는 사람들은 머뭇거릴 수밖에 없고 용감하게 살아갈 수 없다. 다시 실수를 할까 봐 두렵기 때문이다. 그러나 남들보다 더 많이 실수를 하고 더 많이 넘어지더라도 그것에 연연해하지 않는 사람들은 행복할 수 있다. 행복한 사람들은 결과에도 연연해하지 않는다. 그래서 시합을 하거나 시험을 치르는 과정에도 행복으로 임할 수 있는 것이다.

행복한 사람들은 물 흐르듯 인생을 살아간다. 왜 물 흐르듯 살아가는 사람들이 행복할까? 흐르는 물은 앞을 다투지 않아도 저절로 흘러가기 때문이다. 우리 인생이 심하게 앞을 다투며 흘러가면 갈등과 욕심, 집착이 생긴다. 그로 인해 경쟁에 치이는 초조한 인생으로 전락하게 되는 것이다. 행복한 사람들은 조급해하지 않기 때문에 조금 느리게 살아가는 것처럼 보인다.

행복한 사람은
감사할 줄 안다

행복한 사람들은 실패 앞에서도 감사할 줄 안다. 감사하기 때문에 행복한 것인지, 아니면 행복하기 때문에 감사할 수 있는 마음과 여유가 생기는지는 알 수 없지만, 분명한 것은 행복한 사람들은 감사할 수 있는 여건이 아니더라도, 즉 불행한 삶 속에서도 의연하게 감사할 수 있다는 사실이다. 이에 대해 영국의 찰스 스퍼전 Charles Spurgeon은 다음과 같이 말했다.

"불행할 때 감사하면 불행이 끝나고 형통할 때 감사하면 형통이 연장된다. 촛불을 보고 감사하면 전등을 주시고, 전등을 보고 감사하면 달빛을 주시고, 달빛을 보고 감사하면 햇빛을 주시고, 햇빛을 보고 감사하면 밝은 천국을 주신다."

또한 탈무드에는 이러한 말이 있다.

"다리가 하나 잘린 사람은 다리가 두 개 잘리지 않은 것을 감사하고, 다리가 두 개 잘린 사람은 목이 잘리지 않았음을 감사하고, 목이 잘린 사람은 더 이상 감사할지 불평할지 생각하지 못하기 때문에 상관없다."

많은 사람들이 감사할 조건으로 거창한 것을 떠올리지만 우리의 삶 자체가 감사의 조건으로 가득 차 있다. 아침에 일어나 맡는 신선한 공기와 새로운 하루의 시작 역시 감사하고도 남을 조건이 아닌가? 특별한 사고 없이 살아가는 것도 감사하고도 남을 조건이 아닌가?

거실에 있는 화초에게 감사하는 말과 칭찬을 해 주면 더 잘 자라서 더 맑은 공기를 만들어 주고 더 푸른색으로 보답한다. 이와 반대로 저주의 말을 퍼부어 보라. 화초는 곧 시들어 버려서 푸르름과 신선한 공기를 더 이상 얻을 수 없다. 세상의 모든 것에 감사하는 마음을 가지면 그것들로부터 보답을 받게 되어 행복할 수밖에 없다.

성공학의 거장인 지그 지글러Zig Ziglar는 〈시도하지 않으면 아무것도 할 수 없다〉에서 감사하는 마음이 사람을 행복하게 만든다고 결론 내렸다.

"감사하는 마음은 당신을 건강하고 행복하게 만든다. 그리고 당신의 인생관을 변화시킨다. 감사하는 마음을 가진 사람은 낙천적으로 세상을 바라보며 어떤 상황에서도 기회를 포착하고 그것을 통해 성공의 사다리를 오른다."

감사의 마음은 자족할 줄 아는 마음에서 비롯된다. 자족할 줄 아는 사람은 세상을 다 가진 사람보다 더 행복할 수 있다. 세상을 다 가질 수 있는 사람은 없지만 자족할 줄 아는 사람은 존재하기 때문이다.

"세상에서 가장 지혜로운 사람은 배우는 사람이고, 세상에서 가장 행복한 사람은 감사하며 사는 사람이다."

탈무드에 있는 이 말은 아무리 강조해도 지나치지 않다. 행복한 사람들은 가진 것이 없어도, 이룬 것이 없다 해도, 심지어 실패를 해도 감사하는 사람들이고 그러한 행동을 통해 더 행복해지는 사람들이다. 스위스의 사상가이며 법률가인 칼 힐티Carl Hilty는 〈행복론〉에서 행복의 조건으로 감사를 최우선으로 꼽았다.

"감사하라, 그러면 젊어진다. 감사하라, 그러면 발전이 있다. 감사하라, 그러면 기쁨이 있다."

필자는 여기에 "감사하라, 그러면 행복이 있다"를 더 추가하고 싶다. 작은 것에 감사하면 더 큰 것을 얻을 수 있고, 부족할 때 감사하면 넘치게 될 것이고, 고통 중에 감사하면 고통이 사라질 것이고, 불행 중에 감사하면 행복해질 것이다.

행복이란 일상 속에 있기 때문에 우리가 손을 내밀면 얼마든지 닿을 수 있지만 아무나 행복을 찾을 수는 없다. 오직 감사하면서 살아가는 사람만이 발견하고 누릴 수 있다. 감사하며 살아가는 사람은 이미 가진 것으로 충분함을 깨달은 사람이기 때문이다. 하지만 감사할 줄 모르는 사람은 아무리 많은 부와 권력, 명성을 얻었다 해도 만족하지 못하기 때문에 기쁨도 행복도 느낄 수 없다.

감사는 빛과 같아서 빛이 있는 곳에는 슬픔과 불행 같은 어둠이 침범할 수 없다. 그리고 행복은 감사라는 빛이 주위를 환하게 비출 때 명확하게 보인다. 이것이 바로 감사의 위력이다.

그러나 "우리는 이미 가진 것에 대해서는 좀처럼 생각하지 않고 언제나 없는 것만 생각한다"는 쇼펜하우어의 말처럼 없는 것만 생각하며 감사할 수가 없다. 그리고 감사가 없기 때문에 만족이 없고 행복할 수 없는 것이다. 이미 가진 것에 대해 생각하고 그것에 감사할 수 있다면 우리는 행복해질 수 있다. 그래서 행복한 사람들이 모두 다 감사하는 것은 아니지만 감사하는 사람들은 모두 다 행복한 사람인 것이다. 좋은 일에만 감사하는 것이 아니라 나쁜 일조차도 감사할 수 있어야 한다. 감사는 사물을 긍정적으로 바라보게 하고 우리의 마음을 넉넉하게 한다. 그리고 감사한 만큼 보답을 받게 된다.

Chapter 5

행복 성공학 이야기

사람은 덕 있는 삶, 스스로
만족하는 삶을 살 때만 행복하다.

- 벤저민 프랭클린 -

탐욕은 행복의
적이다

　　　성공한다고 해서 반드시 행복해지는 것은 아
니다. 한 번 맛본 성공을 유지하기 위해 더욱더 자신을 다그쳐야 하기
때문이다. 그래서 성공한 사람 중에 오히려 더 불행하게 사는 사람이
많은 것이다. 권력을 한 번 손에 쥔 사람은 권력의 노예가 되어 오히려
인생을 망치는 경우가 많다. 성공하면 많은 것을 소유하게 되지만 정
작 중요한 것은 가질 수 없다. 헤르만 헤세는 이렇게 말했다.

　　"여러분은 돈으로 살 수 있는 모든 것을 가질 수 있습니다. 그러나
정말로 아름답고 가치 있고 탐나는 것은 돈으로 살 수 없다는 것을 깨
달을 것입니다. 세상에서 가장 훌륭하고 아름답고 탐나는 것은 그 영

혼을 대가로 지불해야 합니다. 사랑을 돈으로 살 수 없는 것과 마찬가지입니다. 순수한 영혼을 가지지 못한 사람, 선하지 않거나 선을 믿지 않는 이들은 가장 훌륭하고 고귀한 것이 무엇인지 알아낼 충분한 감수성을 갖지 못할 것입니다."

인류 역사상 성공을 거머쥔 많은 사람들은 모두 행복했을까? 결론부터 말하자면 성공과 행복은 그리 밀접한 관련이 없어 보인다. 엄청난 성공을 이루었음에도 불구하고 매우 불행한 삶을 살다간 사람들이 적지 않기 때문이다. 반대로 성공이나 소유, 물질적 축복과는 전혀 어울리지 않는 피그미족은 행복한 삶을 누리고 있다. 심지어 그들에게는 행복이라는 단어조차 없다.

서머셋 몸Somerset Maugham의 재치가 돋보이는 문장을 살펴보자.

"성공이라고? 그게 내게 큰 영향을 줬다고는 생각하지 않는다. 과거의 나는 늘 그걸 희망했지만."

그의 말을 토대로 성공에 대해 생각해 보면 행복은 성공과 큰 관련이 없다. 또한 나폴레옹은 이런 말을 남겼다.

"내 생애에 행복한 날은 단 6일밖에 없었다."

세상을 정복했지만 그는 인생의 대부분을 불행하게 살았던 것이다. 여기서도 목표 달성, 성공, 야망 등과 같은 것들이 행복과 밀접한 관련이 없다는 것을 알 수 있다. 세상에서 가장 부자로 평가받고 있는 존 D. 록펠러의 경우는 어떨까? 그는 과연 행복했을까? 최소한 보통의 사람들보다는 좀 더 행복하지 않았을까?

그는 53세에 세계 최고 갑부의 반열에 올랐지만 자신이 가진 돈과 돈벌이 때문에 늘 불안감과 신경쇠약으로 고통을 받았다. 그 결과 심한 우울증과 불면증으로 고생하며 건강하게 살지 못했다. 그러니 당연히 행복하지 못했다. 설상가상으로 그는 세계 최고의 갑부가 된 50대 초반에 치명적인 불치병에 걸려서 시한부 인생을 살아야 했다.

그러나 다행히 그는 인생의 끝자락에서 한 줄기 빛을 발견해 참된 행복의 길을 찾았다. 덕분에 불행한 성공을 행복한 성공으로 바꾸어 놓고 불행한 삶을 행복한 삶으로 바꿀 수 있었다. 과연 불행한 인생을 행복한 인생으로 변하게 만든 방법은 무엇이었을까? 그 방법은 이 책이 말하고자 하는 주제와 거의 일치한다. 록펠러의 극적인 삶의 대반전은 이랬다.

그는 불치병으로 인해, 세계 최고의 갑부가 되었음에도 불구하고 부와 성공을 제대로 누리지도 못한 채 죽어야만 했던 사람이었다. 그러나 그는 죽기 직전에 참다운 행복이 무엇인지 발견했다. 그리고 그때부터 행복한 삶을 살고자 결심하고 행복한 사람이 되었다. 그 결과 그는 다시 건강을 되찾고 그 전에 없었던 참된 명예를 얻었으며 행복과 성공을 모두 누리게 되었다.

극적으로 발견한 행복한 삶을 통해 그는 나머지 43년, 98세까지 누구보다 더 행복하게 살았다. 그 결과 우리는 록펠러를 불행한 억만장자로 기억하는 것이 아니라 참된 성공을 거둔 행복한 부자로 기억하게 되었다. 그는 "인생의 전반기 55년은 쫓기면서 살았지만 후반기 43년은 정말 행복하게 살았습니다."라고 회상했다.

록펠러의 사례와 비슷한 경우는 많다. 세계 최초의 백만장자였던 부동산 왕 존 제이콥 아스토르John Jacob Astor는 다음과 같은 충격적인 말을 남겼다.

"나는 세상에서 가장 비참한 사람이다."

돈이 아무리 많다고 해도 정말 중요한 것은 살 수 없기도 하거니와, 돈 말고도 중요한 것이 얼마든지 있다. 괴테도 이 사실을 잘 알고 있었다.

"세상 모든 돈이 내게 있은들 무슨 소용이 있겠는가? 건강을 잃으면 다 부질 없는데."

인디언 추장 시애틀은 "돈으로 하늘을 살 수 있다고 생각하는가? 언젠가는 백인들도 돈을 먹을 수는 없다는 사실을 알게 될 것이다."라고 말했다. 돈으로 많은 것을 살 수 있지만 정작 중요한 것은 살 수 없는 법이다.

현대인들의 삶은 전투와 같다. 고지에 오르기 위해 뒤도 돌아보지 않고 오직 앞만 보고 달려가며 가치 있는 것들을 다 포기하고라도 전투에서 이기려 한다. 그래서 육체적·정신적으로 탈진 상태로 사막처럼 메마르게 살아간다. 인생에서 가치 있는 것이 무엇인지 알지도 못하고 애정 결핍증, 행복 집착증, 성공 집착증에 걸린 듯하다. 하지만 그들이 성공이란 문턱에 도달했을 때 행복은 눈을 씻고 찾아봐도 없을 것이 뻔하다. 왜냐하면 오늘의 행복은 결코 내일 맛볼 수 없는 것이기 때문이다. 행복이란 시간과 함께 존재하는 것이다.

성공을 해서 행복하다고 말하는 사람은 두 종류다. 첫째는 행복을 오해하고 있거나, 아니면 참된 행복을 맛본 적이 없기 때문에 일시적인 만족과 성취감을 행복이라고 착각하는 것이다.

"성공이 행복을 보장해 주지 않는다"라는 행복 성공학의 법칙을 좀 더 살펴보기 위해 역사적 사례와 전문가의 의견을 참고해 보자.

'욕망'이라는 심리학의 고유 영역을 경제학에 접목시킨 공로로 2002년 노벨 경제학상을 받은 프린스턴대학 심리학 교수인 대니얼 카네만은 행복에 이르는 가장 중요한 조건을 성공이나 부, 권력이 아니라 '소소한 일상의 즐거움'이라고 말했다. 이쯤에서 부와 성공이 행복과 그다지 연관이 없다는 사실을 뒷받침하는 행복 지수에 대해 살펴보자.

우리나라는 GNP로 따졌을 때 아시아 국가 중에서 잘사는 편에 속한다. 하지만 아이러니하게도 우리나라의 행복 지수는 최하위 수준이다. 다른 나라의 경우를 봐도 미국보다 GNP가 낮지만 미국보다 행복 지수가 높은 나라가 많다. 대표적인 예로 덴마크, 핀란드와 같은 북미 유럽 국가들을 들 수 있다.

한 가지 재미있는 사실은 출세와 성공에 집착하여 경쟁이 심한 나라일수록 더 불행하다는 것이다. 우리나라만큼 경쟁이 심한 나라도 없을 것이다. 부모의 교육열 때문에 우리나라 아이들은 어렸을 때부터 경쟁을 먼저 배운다. 열심히 공부해야만 성공을 하고 행복할 수 있다고 세뇌를

당하며 피곤하고 지친 삶을 살아간다. 청소년 자살률 1위, 이혼율 1위, 게다가 OECD 국가 중에서 가장 일을 많이 하는 나라가 우리나라다.

우리나라 국민들은 국가별 지능지수 검사에서 높은 수준일 만큼 매우 똑똑하다. 그러나 그만큼 욕심도 많고 교육열도 대단하다. 그 똑똑한 머리로 어떻게 하면 세금을 덜 낼까, 어떻게 하면 탈세를 해도 걸리지 않을까 고민하고 연구하는 사람들이 많다. 부자들이 대부분 그렇다. 그러니 부자면서도 불행한 삶을 사는 것이다.

이와 상반된 나라는 바로 덴마크다. 덴마크 국민들은 일해서 받은 월급의 절반 정도를 세금으로 흔쾌히 낸다. 그러면서도 정부를 탓하지 않고 불평도 하지 않는다. 하지만 그들은 우리보다 더 행복한 삶을 살고 있다. 이런 사례에서 우리는 한 가지 소중한 이치를 발견할 수 있다. "행복은 소유에 있는 것이 아니라 나눔에 있다"라는 것이다.

오늘날은 풍요로운 시대인 반면에 우울증을 비롯한 정신 질환으로 고통 받고 있는 사람들이 많다. 우리나라만 봐도 그렇다. 몇 십 년 전과 비교해 볼 때 우리나라는 매우 부유해졌다. 하지만 이혼율과 자살률이 훨씬 높아졌고 정신과 치료를 받아야 하는 사람들도 상당히 많아졌다.

보스턴대학의 철학 교수인 피터 크리프트Peter Kreeft는 매우 충격적인 말을 던졌다.

"당신이 부유해질수록, 당신 가족이 부유해질수록, 나라가 부유해질수록 머리에 총을 쏠 가능성이 높아진다."

부자일수록 기대가 더욱더 높아져서, 오히려 큰 부자들이 더 심한 공황 상태에 빠지게 될 가능성이 높다. 20대에 영화 제작자로서 세계적인 억만장자가 되었던 하워드 휴즈Howard Hughes는 돈과 명예, 젊음, 이 모든 것을 소유한 사람이었다. 하지만 그는 세상에서 가장 불행한 사람들 중 한 명으로 살다가 생을 마감했다. 그는 심한 결벽증과 불안으로 고통스러운 삶을 살았으며, 말년에는 정신병에 걸려 외부와 차단된 채 고독 속에 갇혀 지냈다. 그가 죽자 아무도 울어 주지 않았다. 억만장자였지만 그는 결코 행복한 삶을 살지 못했다.

미국의 석유왕 폴 게티Paul Getty는 말년에 신문 기자로부터 다음과 같은 질문을 받았다.

"폴 게티 씨, 당신은 행복한 삶을 살았습니까?"

그러자 폴 게티는 버럭 화를 내며 이렇게 말했다.

"행복이 도대체 어디 있어?"

크게 성공했어도 행복이 무엇이고 어디에 있는지 모르는 사람들이 생각보다 많다. 이러한 사실을 통해 볼 때 행복은 소유나 성공과 관계가 없다는 사실이 분명해진다. 오리슨 스웨트 마든Orison Swett Marden은 〈부를 노래하라〉를 통해 다음과 같이 말했다.

"돈이 많다고 해서 행복을 보장해 주는 건 아니다. 우리가 부자가 될 수도 있고 가난한 사람이 될 수도 있는 것은 우리가 얼마나 많은 재산을 가지고 있는가가 아니라 어떤 사람인가에 의해서 결정되는 문제이기 때문이다."

〈몰입〉의 저자인 미하이 칙센트미하이도 이와 비슷한 말을 했다.

"사회가 조종하는 쳇바퀴에 갇힌 사람은 늘 보상을 향해 뛰지만 막상 손에 쥐면 보상은 사라져 버린다."

사회가 요구하는 사람으로 길러지면서 경쟁하도록 조종을 당하며 살고 있는 것이 오늘날 우리의 자화상이다. 쳇바퀴에 갇힌 듯 성공과 출세, 명예와 인기라는 보상을 얻기 위해 쉼 없이 달리지만 정작 그러한 것들은 허상에 불과하다는 사실을 뒤늦게야 발견하곤 한다.

성공의 법칙은 변한다

대부분의 성공학 도서들은 자기 기만에 빠져 있다. 그냥 듣기 좋은 말만 하고 있는 것이다. 능력이 있다고 해서, 열심히 한다고 해서 모두 성공하는 것이 아니기 때문이다. 물론 꿈을 품고, 목표를 세우고, 열심히 노력하고, 포기하지 않으면 성공할 수 있는 경우가 있고, 또 그러한 시대도 있었다. 하지만 하루가 다르게 변하는 오늘날은 그럴 수 있는 확률이 매우 낮아졌다.

불행한 인류가 스스로 선택한 성공 법칙은 내일의 성공을 위해 오늘은 불행을 감내한다는 것이다. 오늘은 참고 인내하면서 내일의 성공을 위해 노력하고 희생하는 것이다. 이러한 성공 법칙은 자신의 고유한 개성을 버리고, 다른 사람의 습관을 가지고, 자신만이 잘할 수 있는 것을 찾지 말고, 남들과 같은 꿈을 가지고, 목표를 수립하고, 원칙대로 살라고 강요한다. 그러나 온전히 자기 자신으로서 살아가는 것이 아니라면 성공한들 무슨 소용이 있을까? 그런 성공은 자기의 것이 아니다. 지구의 몇 십억 인구 중에 가장 자기다운 사람은 자기 자신뿐이다.

68억 인구 중에서 단 1%의 사람들만이 부자가 된다. 나머지 99%의 사람들 중에는 열심히 일하고, 꿈을 꾸고, 노력하고, 재능이 있는 사람이 없었던 것일까? 아니다. 대부분의 사람들이 열심히 살려고 노력했던 사람들이고 그중에는 엄청난 재능과 실력까지 갖춘 사람들도 많다. 그런데도 행복과 성공을 모두 움켜잡은 사람은 극소수에 불과하다.

자기 계발의 선구자들은 꿈을 꾸면, 열심히 노력하면, 열정을 품으면, 포기하지 않으면, 신념과 명확한 목표를 가지면 성공을 이룰 수 있다고 말한다. 물론 꿈과 노력, 성실과 끈기, 인내와 열정, 신념과 목표는 성공하는 데 필요한 요소다. 하지만 이것만으로는 성공할 수 없다. 성공하고 싶다면 우리는 행복해지는 법을 배우고 연습해야 한다.

지금까지 수많은 성공학 도서들은 성공의 가장 중요한 비결로 열정, 끈기, 꿈과 비전, 긍정적인 생각, 좋은 영향을 주는 습관 등을 내세웠다. 최근에는 유머, 화술, 인간관계 등도 성공의 비결로 내세우고 있다. 하지만 이러한 것들을 실천한다고 해도 성공은 요원하기만 하다. 왜냐하면 성공의 법칙은 68억 인간의 지문이 모두 다르듯 각자에게 다른 결과를 나타내기 때문이다. 또한 어제의 방법이 오늘은 효과가 없는 진부한 것이 되어 버릴 정도로 시대는 빠르게 변화하고 있다. 그래서 성공의 법칙 또한 시대에 따라 달라져야 한다.

지금까지는 '어떻게 하면 성공할 수 있을까? 어떻게 하면 우리가 가진 잠재 능력을 100% 활용할 수 있을까?' 하는 것에서 성공의 비결을 찾으려고 했다. 세계적인 동기 부여가이며 〈네 안에 잠든 거인을 깨워라〉의 저자인 앤서니 라빈스Anthony Robbins도 수많은 청중에게 '어떻게 하면 삶을 보다 열정적으로 살 수 있을까? 어떻게 하면 잠재 능력을 100% 활용할 수 있을까?' 라는 주제로 강연을 하여 어마어마한 수입을 올렸다.

하지만 이제는 주제가 바뀌고 있다. 이제 우리가 집중해야 하는 주제는 '어떻게 하면 삶을 보다 행복하게 살 수 있을까? 어떻게 하면 우리는 100% 행복하게 살 수 있을까?' 인 것이다. 과거에는 근면, 성실, 열정, 능력을 통해 성공 여부가 결정되었다면 이제는 무엇을 할 수 있느냐보다는 어떻게 사느냐, 행복한 사람이냐, 유쾌한 사람이냐에 따라 성공 여부가 달라지게 되었다. 행복이 경쟁력인 것이다. 우리는 행복한 사람이 성공하는 시대에 살고 있다. '무엇을 할 수 있는 사람'보다는 '어떻게 사는 사람'인가가 더 중요한 것이다.

과거는 전문가의 시대였다. 그래서 남들이 못하는 전문적인 기술이나 지식만 가지고 있다면 대부분 쉽게 성공할 수 있었다. 그래서 '무엇을 할 수 있는 사람인가'가 성공의 기준이 되었고 성공의 법칙이 되었다. 그만큼 단순하고 복잡하지 않은 시대였다. 변화의 흐름이 오늘날

보다 작았고 오늘날보다 늦었다. 즉, 과거는 고정적인 시대, 예측 가능한 시대였기 때문에 전문가 자격증 하나만 있으면 평생 동안 어느 정도 성공과 생존이 가능한 시대였다.

하지만 지금은 전문가가 넘치는 시대다. 또한 변화의 속도와 크기가 빠르고 크다. 그래서 전문 자격증 하나만 가지고는 평생의 생존과 번영을 보장할 수 없다. 그래서 중요한 것은 '무엇을 할 수 있는 사람인가'가 아니라 '어떻게 사는 사람인가'다.

유쾌하고 재미있고 유머가 넘치는 사람 주위에는 사람들이 끊이지 않아서 그만큼 인간관계가 넓고 깊어진다. 이런 사람들은 복잡하고 변화가 심한 이 시대에 성공할 확률이 훨씬 더 높기 때문에, 최근에 나온 수많은 성공학 도서들은 인간관계와 밀접한 관련이 있는 '유머'를 경쟁력의 열쇠로 소개하고 있다. 유머는 이제 성공 키워드인 것이다. 이런 책들이 자주 언급하는 것으로 유머와 연봉의 비례 관계를 연구 조사한 결과가 있다. 여기서는 유머를 구사하는 빈도수와 연봉 등급이 비례한다고 밝혔으며, 크게 성공한 사람들은 대부분 유머를 좋아하고 유머를 잘 구사한다고 한다.

옛날에는 근면 성실하게 일만 하는 사람을 높이 평가하고 실없는 우스갯소리를 하는 사람은 별 볼일 없는 싱거운 사람으로 여겼으나, 오늘날 유머가 얼마나 크게 부각되는지 알려 주는 여러 사례가 있다. 삼

성경제연구소는 CEO들의 80%가 채용 시에 유머와 위트가 있는 지원자를 우선 채용하겠다는 의사를 밝혔다고 발표했다. 유머와 위트가 있는 지원자들은 그만큼 일을 잘할 뿐만 아니라 조화로운 팀워크를 유지할 수 있다고 판단한 것이다. 능력이 비슷해도 유머가 없는 사람보다는 유머가 있는 사람이 더 좋은 업무 성과를 창출해 낼 수 있다는 결론이다.

또한 미국의 과학 전문 웹사이트 라이브사이언스는 건강한 뇌를 유지하는 열 가지 방법 중 하나로 유머를 꼽았다. 즉, 유머가 없는 사람보다 유머가 있는 사람이 뇌를 더 건강하게 유지할 수 있다는 것이다. 그렇기 때문에 더 영리하게 일을 할 수 있고, 선택의 연속인 인생에서 더욱 현명한 선택을 할 수 있다. 유머가 있다면 보다 나은 삶을 영위해 나갈 수 있는 유리한 고지에 있는 셈이다.

〈포춘〉이 선정한, 세계에서 가장 일을 잘하고 가장 창조적인 CEO인 스티브 잡스Steven Jobs는 자신의 성공 비결로 끈기, 상상력, 유머를 꼽았다. 여기서도 유머는 빼놓을 수 없는 성공의 비결임을 알 수 있다.

시대가 바뀌면 일하는 방식도 바뀌고 추구하는 목표와 지향점도 달라진다. 과거 산업 사회에서는 남들보다 더 빠르게 더 많이 생산하는 기업들이 성공하고 번영했다. 이때는 집단이든 개인이든 효율성이 최고의 경쟁력이었다. 그때는 꿀벌의 시대였고 진보의 시대였다. 이 시대에 성공한 사람들은 혁신적이고 기발한 생각을 해내는 사람들이 아니라 주어진 길을 그저 묵묵히 걸어가는 사람들이었다.

하지만 지금은 변화와 혁신의 시대, 감성과 창조의 시대다. 매우 불연속적이며 유동적인 예측 불가능한 시대다. 그래서 과거에 누군가가 지나갔던 길을 그대로 답습하면 결코 성공할 수 없다. 성공의 키워드가 과거와는 다른 전혀 새로운 것으로 이러한 것들을 먼저 활용하는 기업과 개인이 성공할 수 있다. 요즘 같은 시대에 대학 교육을 마다하고 남들이 가지 않는 길을 걷는 사람들은 무모해 보일 수도 있다. 하지만 빌 게이츠와 스티브 잡스는 세계 최고의 갑부, 세계에서 가장 일 잘하는 창조적인 CEO로 여겨진다.

시대가 바뀌면 기업들도 변화와 흐름에 맞춰 전략을 선택해야 한다. 이와 같은 사실을 일찍이 깨달은 게리 해멀Gary Hamel은 탁월한 혜안과 통찰력으로 게릴라가 되어야 한다고 주장했다. 그는 2008년 〈월스트리트 저널〉이 선정한 세계 경영인 20인 중에 1위에 올랐다. 그는 몇 년 전만 해도 성공의 법칙이고 성장 도구였던 혁신이 이제는 단순히 생존 수단이 되었다고 말한다.

노동의 양과 성공이 비례했던 시대도 있었고 지식의 양과 성공이 비례했던 시대도 있었다. 그리고 타고난 신분이 평생의 성공과 연결되었던 시대도 있었다. 하지만 이제는 이런 것들이 통하지 않는다. 예외적이고 예측 불가능한 것이 성공을 거두는 시대가 되었다.

과거에는 개미와 베짱이의 이야기가 성공의 교본처럼 여겨졌다. 오늘날 이 이야기는 과거의 유산이 되어 버렸다. 열심히 일만 하는 사람은 성공할 수 없고, 노래를 잘하는 베짱이처럼 재능이 있고 그것을 발견하여 세상에 내놓는 사람이 성공하는 시대가 되었다. 그리고 이를 넘어 차원이 다른 성공의 비결이 등장했다. 옛날에는 멸시를 받던 우스갯소리, 즉 유머가 경쟁력 있는 성공의 요소가 되었다.

베스트셀러 작가인 차동엽 신부는 최근작 〈바보 Zone〉에서 다음과 같이 썼다.

"바보처럼 꿈꾸고, 바보처럼 상상하며, 바보처럼 모험하라."

바보처럼 한 분야에서 우직하게 몰입하며 세상의 관습을 거부하고, 타협하지 않고, 끝까지 밀어붙일 수 있는 바보스러움이 큰 성공을 이끌어 낸다는 것이다.

다른 예를 광고에서 찾아보자. 이탈리아의 패션 브랜드 디젤의 'Be stupid!' 광고 시리즈는 이슈가 되었다.

"스마트한 이들에겐 명석한 두뇌가 있지만 바보들에겐 배짱이 있지. Smart may have the brains, but stupid has the balls."

"스마트한 이들은 어쩌다가 아이디어를 하나 내지. 그런데 그 아이디어는 결국 바보스럽지. Smart had one good idea and that idea was stupid."

"스마트한 이들은 무엇인지를 보지만 바보는 무엇이 가능한지를 보지. Smart sees what there is, stupid sees what there could be."

"스마트한 이들은 no라고 말하지만 바보들은 yes라고 말하지. Smart says no, stupid says yes."

"스마트한 이들은 머리로 듣지만 바보들은 가슴으로 듣는다. Smart listens to the head, stupid listens to the heart."

"스마트한 이들은 계획을 하지만 바보들은 행동을 하지. Smart plans, stupid improvises."

"스마트한 이들은 비평을 하지만 바보들은 창조를 하지. Smart critiques, stupid creates."

"스마트한 이들은 정답을 가지고 있지만 바보들은 흥미로운 질문들만 갖고 있지. Smart may have the answers, but stupid has all the interesting questions."

이러한 패러다임의 변화는 모든 분야에서 일어나고 있다. 과거에는 80 대 20 법칙, 즉 '파레토 법칙'이 정석이었다면 오늘날은 '롱테일 법칙'이 통하는 시대다.

행복이 사는 곳

　　　　行복한 사람은 지금 이 순간 최선을 다한다는
것이 무엇인지 잘 아는 사람이다. 과거나 미래에 매여 살지 않는 자유
로운 사람이다. 행복한 사람은 결코 이기적이지 않으며 언제나 자신보
다 남을 먼저 행복하게 해 준다. 가정에서는 가족을 위하고 직장에서
는 동료들과 회사를 위하니 어디에 있든 꼭 필요한 존재다.

　어떠한 환경에서도 우리가 행복할 수 있는 단 한 가지 이유는 지금
이 순간 인간으로 존재한다는 것, 그것이 아무리 힘들고 기가 막힌 상
황이라고 해도 모든 것을 초월하여 기뻐하며 행복해할 수 있기 때문이
다. 우리에게 주어진 삶 자체가 크나큰 행복이며 행복의 이유인 것이

다. 세상은 인생이 고난의 연속, 전쟁터라고 말하지만 이 책은 말한다. 인생은 행복의 연속이며 즐겁고 유쾌한 여행이라고.

우리는 우리 자신이 만드는 생각의 감옥 속에 갇혀 산다. 고삐가 소를 이끌 듯 우리가 품는 생각은 우리를 이끈다. 그래서 삶이란 짧은 행복의 순간이 잠깐씩 끼어드는 기나긴 고통의 연속이라고 생각하는 사람에게 삶은 정말로 그런 것이다. 반면에 삶이란 짧은 고통의 순간이 잠깐씩 끼어드는 기나긴 행복의 연속이라고 생각하는 사람들에게 삶은 정말로 행복하다.

불행한 삶의 최대 원인은 욕심으로 가득 찬 마음이다. 잘못된 것은 가난이나 실패가 아니라 전적으로 우리의 마음이다. 주어진 삶에 대해 감사함으로 바라본 적이 있는가? 우리는 꿈을 품고, 목적을 가지고, 열심히 노력하고, 포기하지 않았기 때문에 만물의 영장인 인간으로 태어날 수 있었을까? 절대 아니다. 우리에게 주어진 인간으로서의 삶은 우리가 공짜로 받은 선물이고 축복이며 은혜다. 게다가 문명이 발달하고 인권이 보장된 현대 사회에 태어났다는 것, 전쟁을 겪어 보지 못했다는 것은 정말 큰 축복이다.

한자어 幸福에서 幸은 '다행스러울 행'이다. 이를 통해 행복의 뜻을 유추해 보면 다행스러운 복이라는 의미다. 하지만 시간이 흐르면서 다른 의미로 변하게 되었다.

18세기 경제학자이며 철학가인 애덤 스미스Adam Smith는 "인생의 진정한 행복이라는 면에서 볼 때 빈곤 계층이 부유층 사람들보다 절대 뒤

떨어지지 않는다"고 말했다. 심리학자인 데이비드 마이어스_{David G. Myers}
는 〈누가 행복한가?_{Who is happy?}〉라는 논문에서 "행복과 삶의 만족은 남
녀노소, 흑인과 백인, 부자와 노동자를 막론하고 누구나 비슷하게 느
낀다"라고 했다. 또한 러시아의 대문호 톨스토이가 쓴 〈안나 카레리
나〉의 첫 문장은 다음과 같이 시작한다.

"행복한 가정은 모두 비슷하다. 그러나 불행으로 가득 찬 가정은 모
두 그 나름대로의 이유 때문에 불행하다."

아이러니하게도 행복을 좇지 않는 사람들이 더 행복하게 산다. 행복
을 좇는다는 것은 결국 자신의 행복을 좇는 것, 즉 타인보다 자신을 먼
저 생각한다는 뜻이다. 하지만 행복한 사람들은 대개 자신보다 타인을
먼저 생각하기 때문에 자신의 행복을 좇을 여유가 없다. "자신에게만
마음을 쓰고 모든 것을 나에게 얼마나 쓸모가 있는가의 관점에서만 생
각하는 사람은 행복한 삶을 살 수 없다"는 세네카의 말처럼 행복은 이
기심에서 비롯되는 것이 아니다.

긍정 심리학의 창시자인 셀리그먼은 행복 공식을 창안해 발표했다.

$$행복(H) = 설정 값(S) + 조건(C) + 자발적 활동(V)$$

우리가 느끼는 행복 수준은 우리가 태어날 때 이미 정해져 있는 생

물학적인 설정 값set point이 50% 정도를 차지하고, 나머지는 삶에 형성되어 있는 여러 삶의 조건conditions과 우리가 행동하는 자발적 활동voluntary activities에 의해 결정된다는 것이다. 이 공식이 전적으로 옳다고 생각하지는 않지만 행복을 좇는 사람은 오히려 행복할 수 없다는 사실을 반증하는 공식이기 때문에 뜻깊다. 이 행복 공식은 행복을 무작정 좇는다고 행복 수준이 높아지는 것이 아니라 태어날 때부터 설정된 값과 하루하루 최선을 다하는 실천을 통해 향상된다는 의미다.

아마존 밀림에서 사는 피다한 부족은 행복을 좇지 않지만 마냥 행복한 집단이다. 이 부족에게는 행복이라는 말조차 없으며 행복하기 위한 최소한의 조치, 즉 음식을 저장하거나 인생의 계획을 세우는 등의 일조차 하지 않는다. 그러나 어쨌든 행복하게 살아가고 있다는 것이 MIT 연구원들의 조사 결과 확인되었다.

그들이 웃는 시간은 세상의 어떤 집단보다 많았고 이들은 또한 평생동안 통곡하지 않았다. 심지어 가족이 죽어도 울지 않으며 때가 되었으니 자연으로 돌아간다고 생각했다. 이들에게는 죄의식도 없으며 죽음에 대한 개념조차 희박하다. 특히 이들에게는 소유라는 개념이 없다. 이들은 참으로 단순한 삶을 살고 있다. 이로써 세상에서 가장 행복한 사람은 아무것도 가지지 않은 사람이라는 사실을 다시 한 번 느끼게 된다.

행복의 유통 기한

지금까지의 행복론, 성공론은 행복과 성공을 좇는 사람들을 만들어 왔다. 미래의 행복과 성공을 위해 현재의 행복을 희생하고 인내하라고들 했다. 하지만 그래서는 안 된다. 오늘의 행복을 최대한 누리고 재미있게 살아야 미래의 행복과 성공도 장담할 수 있다. 이러한 새로운 행복론, 성공론이 바로 '행복 성공학'이다.

성공하기 위해 참으며 살아온 날들은 찰리 채플린의 말처럼 "웃지 않고 보낸 날들이기 때문에 실패한 날들"이다. 성공이란 목표는 우리에게 방향을 제시해 줄 뿐이다. 목표가 달성되었다고 해서 행복이 함께 찾아오는 것은 아니다. 목표에 도달하기까지 그 여정을 즐기지 못한 채 오로지 목표에만 집착하고 전력을 기울인다면 그 인생이 도대체 언제 행복할 것인가?

오늘 즐길 줄 알고 행복할 줄 아는 사람에게는 무한한 에너지와 재능이 생겨난다. 자신의 장점과 소질을 발견하기 위해서는 행복함으로 살아봐야 한다. 가장 행복할 때 자신의 장점과 소질, 그리고 정말로 하고 싶은 것이 무엇인지를 발견할 수 있기 때문이다.

"오늘의 행복은 오늘까지가 유통 기한이다."

행복의 유통 기한은 매우 짧다. 오늘 우리가 누릴 수 있는 행복은 절대로 내일 누릴 수 없다. 행복은 단 한 번밖에 주어지지 않는 그날그날의 선물이다.

"현재를 즐기면서 미래를 계획하고 과거에 집착하지 않으면 행복해질 수 있다"는 셀리그먼의 말처럼 우리가 가장 행복할 수 있는 시간은 현재뿐이다. 그러므로 현재에 충실하고 현재를 붙잡아야 한다.

라마크리슈나Ramakrishna는 행복에 대해 다음과 같이 말했다.

"당신이 행복하지 않다면 집과 돈과 이름이 무슨 의미가 있겠는가? 그리고 당신이 이미 행복하다면 그것들이 또 무슨 의미가 있겠는가?"

오늘의 행복은 오늘의 마음가짐에서 시작된다. 제아무리 행복을 갈망해도 우울과 슬픔에 사로잡힌 비참한 마음 상태라면 행복에 이르는 길을 찾을 수 없다. 생각이 옹색하고 초라하면 그런 것들만 따라붙어서 삶 또한 그럴 수밖에 없고, 생각이 풍요로우면 삶도 그렇게 변한다. 마음속에서 행복을 만들지 못하는 사람은 현실에서도 행복하게 살 수 없다. 걱정은 우리의 심신을 갉아먹는 해충과 같다. 마음속의 걱정과 불안을 몰아내라. 이것이 가장 먼저 해야 할 일이다.

지혜의 보고인 성경에는 내일 일을 염려하지 말라는 말씀이 있다. 지혜의 왕 솔로몬도 전도서에서 다음과 같은 말을 했다.

"이에 내가 희락을 찬양하노니 이는 사람이 먹고 마시고 즐거워하는 것보다 더 나은 것이 해 아래에는 없음이라. 그러므로 나는 사람이 자기 일에 즐거워하는 것보다 더 나은 것이 없음을 보았나니 이는 그것이 그의 몫이기 때문이라."

자신의 일을 통해 즐거워하는 것, 즉 온전한 기쁨을 누리는 것이 최고다. 근심, 걱정, 두려움, 불안, 슬픔에서 벗어나 주어진 것들을 통해 먹고 마시고 즐거워하는 것이 바로 행복인 셈이다.

마태복음 효과

성공하면 행복해지는 것이 아니라 행복하니까 성공하게 된다는 사실을 잘 알고 실천하는 사람들은 성공적인 삶을 살아간다. 오늘의 행복은 내일의 성공으로 이어진다. 행복함으로 살 때 자신도 몰랐던 에너지와 능력이 생기고 주위에 사람들이 모여들며 일이 잘 풀려 나가기 때문이다. 이것이 마태복음 효과다.

"인생은 경주가 아니다. 누가 1등으로 들어오느냐로 성공을 따지는 경기가 아니다. 당신이 얼마나 의미 있고 행복한 시간을 보냈느냐가 바로 인생의 성공 열쇠다."

미국의 인권 운동가 마틴 루터 킹Martin Luther King이 남긴 말을 통해 참된 인생의 성공 비결을 알 수 있다. 그의 말대로 우리의 인생은 아무리 1등을 해도 그 순서대로 행복이 주어지는 것이 아니다. 2등, 3등을 하더라도 그 과정이 의미 있고 즐거운 시간을 많이 보냈다면 1등보다 더 행복한 인생이라고 말할 수 있다. 최고에 집착하지 않고 하루하루 행복하게 살아가면 더불어 1등도 할 수 있는 것이다.

명심해야 할 것은 지금 처한 상황이 어떻든 간에 우리는 누구보다 행복할 수 있다는 사실이다. 행복해지기 위해서는 어떠한 조건도, 심지어 어떠한 성공도 필요하지 않다. 다만 우리의 마음을 새롭게 하여 행복이라는 물로 씻어 내면 행복할 수 있다. 우리가 가진 시간, 공기, 자유, 꿈을 통해 더욱 행복해질 수 있다.

중요한 사실은 행복한 사람이 그렇지 못한 사람보다 더 잘, 더 많이 성공한다는 것이다. 그렇다면 왜 행복하게 살아가는 사람에게 성공이 찾아오는 것일까?

부유한 사람들은 이미 가진 것과 위치 선점을 통해 더욱더 많은 부와 사회적 지위를 누릴 수 있다. 한편으로 가난한 사람들은 가진 것이 없는 상황과 낮은 사회적 지위 때문에 더욱더 궁핍하고 어려워질 수밖에 없다. 이러한 사회적 현상을 미국의 사회학자인 로버트 머튼Robert Carhart Merton은 '마태복음 효과Matthew effects'라고 명명했다. "무릇 있는 자는 받아 풍족하게 되고 없는 자는 있는 것까지 빼앗기리라"라는 성경 말씀에서 빌려 온 표현이다. 사회학에서는 이러한 효과를 '사회적 기회 누적 이득'이라는 개념으로 정의한다.

이러한 마태복음 효과는 비단 사회적 부익부 빈익빈 현상에만 국한해서 일어나는 것이 아니다. 즉, 개인의 성공과 행복에도 그대로 적용된다. 다시 말해, 행복한 사람은 성공으로 풍족해지지만 불행한 사람은 가진 성공까지도 빼앗기게 된다는 것이 바로 '행복과 성공의 마태복음 효과'다.

"행복이 있는 자, 즉 행복한 사람은 무릇 성공까지 받아 풍족하게 되고 행복이 없는 자, 즉 불행한 자는 있는 성공까지도 빼앗기게 된다."

이것이 필자가 이 책을 통해 주장하는 행복 원리 중 하나다. 이런 현상은 행복한 사람과 그렇지 못한 사람의 상태적 차이에서 기인한다. 즉, 행복한 사람은 그렇지 못한 사람보다 훨씬 더 나은 상태로 살아가기 때문에 훨씬 더 나은 기회와 유리한 조건을 선점하기 때문이다. 이러한 선점 조건은 마태복음 효과를 처음으로 명명했던 로버트 머튼이 주장했던 조건과 매우 유사하다. 행복하지 못한 사람들에 비해 행복한 사람들이 먼저 선점하는 유리한 조건과 상태는 매우 다양하다. 그러므로 행복만큼 위대한 경쟁력은 없다.

행복한 사람들은
일을 잘한다

행복한 사람은 그렇지 못한 사람보다 더욱 창조적이다. 또한 더욱 유연하며 지적이다. 행복한 사람은 그렇지 못한 사람보다 훨씬 더 용감해지기 때문에 불가능해 보이는 일조차도 최선을 다하게 되고 그럼으로써 쾌감과 기쁨을 만끽한다. 이러한 삶의 태도가 반복되면 자연스럽게 좋은 결과를 얻게 된다.

이를 실천한 기업 가운데 대표적으로 구글Google은 세상의 모든 정보를 웹상에서 정리하겠다고 포부를 밝혔었다. 합리성과 효율, 시간 관리를 경쟁력으로 꼽는 이 시대에 반기를 들고 나선 것이 바로 구글이다. 구글은 직원들에게 근무 시간 중 20%에 해당하는 시간을 절대 업무와 관련된 것을 하지 말라고 한다. 놀거나 빈둥대거나 휴식을 취하라는 것이다. 다른 기업들은 결코 따라 할 수 없는 파격적인 방침이다. 하지만 그 결과 구글은 세계에서 가장 창조적이고 혁신적인 기업으로 평가받고 있다. 그 원동력은 자유롭게 자신이 하고 싶은 일을 하거나 여유를 누리고 스트레스에서 해방됨으로써 얻게 되는 것이다. 이러한 마음의 휴식과 자유로움, 여유, 해방감은 직원들에게 행복감으로 전달된다. 그리고 이러한 행복감은 직원들로 하여금 창조적으로 변신할 수 있도록 도와주기 때문에 구글이 세계 최고의 회사가 될 수 있었던 것이다. 행복은 사람을 강력하게, 현명하게, 창의적이게, 열정적이게, 지적이게, 착하게 만들어 주는 힘이 있기 때문이다.

이러한 사실을 이론적으로 잘 설명한 권위자 중 한 사람은 〈행복의 공식〉을 쓴 슈테판 클라인이다. 독일을 비롯해 영국, 프랑스, 네덜란드, 일본 등 전 세계 25개국에서 번역·출간되어 베스트셀러에 오른, 행복학 교과서로 불리는 이 책에서 슈테판 클라인은 다음과 같은 의미심장한 말을 했다.

"많은 연구들이 보여 주듯 행복한 사람들은 문제를 빨리, 더 낫게 해결한다. 행복은 사람을 현명하게 만든다. 그리고 행복한 사람들은 창의적이다."

행복한 사람들은 보다 더 현명하고 창의적이며 생산적이기 때문에 그 자체로 최고의 경쟁력이 된다. 그리고 행복한 사람은 이타적이기 때문에 인간관계가 좋고, 이는 성공의 비결로 작용한다.

일을 많이 한다고 성공하는 것은 아니다. 충분한 휴식과 여유를 통해 최적의 일을 할 때 창의성이 폭발하고, 스트레스를 받거나 불행할 때 창의성은 자취를 감춰 버린다. 이러한 사실은 〈하버드 비즈니스 리뷰〉에 실린 '창의성을 억압하는 것들'이라는 평론을 통해서도 확인할 수 있다. 이 평론의 주요 내용은 창의성을 억압하는 것은 바로 스트레스, 시간에 대한 중압감이라는 것이다. 즉, 성공하기 위해 열심히 일하는 것이 오히려 창의성을 떨어뜨리기 때문에 성공에 장해가 될 수 있다는 것이다. 부정적인 감정이나 스트레스 속에서 일을 하면 사고가 편협해지고 창의성이 떨어지며 질이 낮아지게 된다. 반면에 행복한 상태에서 일을 하면 보다 더 창의적이며, 질이 높고 깊고 넓은 사유를 할 수 있다.

얼마나 능력이 뛰어나든, 얼마나 인내심이 강하든, 얼마나 꿈이 크든, 얼마나 성공에 대한 신념이 강하든 그것은 중요하지 않다. 이런 것들을 뛰어넘는 더 중요한 요인이 있다. 아무리 능력이 뛰어난 사람도, 아무리 인내심이 강한 사람도, 아무리 꿈이 큰 사람도, 아무리 신념이 굳은 사람도, 자신의 일에 미친 사람을 당해 내지는 못한다. 그리고 자신의 일에 미친 사람은 바로 행복한 사람이다. 행복한 사람들은 마음이 열려 있고 뇌가 잘 기능하는 이상적인 상태이기 때문에 무슨 일이든 훨씬 더 몰입하게 된다. 자신이 좋아하는 일을 할 경우에는 더욱 몰입하게 될 것이다. 하지만 아무리 자신이 좋아하는 일을 한다고 해도 불행한 상태라면 온전히 그 일에 몰입하기가 쉽지 않다. 이러한 몰입의 차이도 성공을 판가름하는 요인 중의 하나다.

2007년 국제 종합 사회 조사에 의하면 우리나라 직장인들은 자신의 업무에 대한 홍미도가 100점 만점에 56.5점에 불과한 것으로 나타났다. 미국 77점, 스위스 83.4점 등에 비하면 낮은 수치인데, 문제는 일에 대한 재미와 홍미가 생산성과 직결된다는 것이다. 우리나라 직장인들의 생산성은 시간당 20.4달러로 미국의 40% 정도이고 OECD의 75%에 불과한 세계 최하위 수준이었다.

이러한 생산성 저하의 원인은 바로 일을 즐겁게 하지 못하기 때문이라고 할 수 있다. 우리나라 직장인들의 근무 시간은 세계 최고로, 일이 너무 많아서 일에 대한 홍미가 떨어질 뿐만 아니라 일을 즐기지도 못하고 있다. 일에 대한 재미와 홍미가 낮을수록 일에 몰입하기가 힘든데, 이런 분위기 속에서는 기업이 번영하기 어렵다. 그래서 세계적인 일류 기업들은 대부분 고유한 기업 문화를 가지고 있다.

〈실행에 집중하라〉의 저자인 램 차란Ram Charan과 래리 보시디Larry Bossidy는 실행력의 차이가 기업들 간에 격차를 만드는 근본 이유라고 말한다. 그리고 20세기의 천재 과학자인 아인슈타인을 언급했다. 아인슈타인이 상대성 이론을 증명하기까지는 무려 10년이 걸렸는데 그의 위대함은 천재적 직관보다는 집요하게 실험에 매달린 실행력에 있다는 것이다. 그가 10년 동안 딴마음을 먹지 않고 집요하게 실험에 매달릴 수 있었던 것은 자신의 일을 즐길 줄 알았기 때문이다. 아인슈타인은 실험을 통해 몰입의 황홀경에 빠져들고 행복을 느낄 수 있었으며, 그 결과 좋은 성과를 얻게 된 것이다.

감정을 잘 다루면
행복해진다

인간은 감정을 가진 동물이라는 사실을 제대로 이해하고 이를 인생에 적용할 수 있다면 성공의 문턱에 가까이 갈 수 있다. 인간을 제대로 이해해야 인간의 무한 능력과 잠재력을 잘 활용하고 발휘할 수 있기 때문이다. 그래서 행복 성공학은 인간의 본질과 특성을 가장 잘 이해하는 성공 법칙이며, 동시에 인간이 감정의 동물이라는 기본에 가장 충실한 성공 법칙이다.

"행복과 성공의 가장 큰 비결은 우리 자신 안에 있다."

인간은 기분이 좋고 즐겁고 행복할 때 가장 큰 힘과 에너지를 발산하고 주위의 사람들과 에너지, 행운까지 끌어당길 수 있다. 행복한 사람들은 열심히 일을 하는 데서 더 나아가 창의적으로 스마트하게 일을 한다. 행복한 사람들은 활기차게 일을 하지만 더 나아가 지혜롭게 일을 한다. 행복한 사람들은 유연하게 일을 하지만 더 나아가 창조적으로 일을 한다. 행복한 사람들은 유쾌하게 일을 하지만 더 나아가 독창적으로 일을 한다. 이런 사람들에게서는 그렇지 못한 사람들이 상상도 못하는 상상력이 뿜어져 나온다. 그러니 행복한 사람들은 성공을 좇지 않아도 성공이 따라오게 되어 있다.

행복한 사람들은 또한 감정을 잘 활용할 줄 알 뿐만 아니라 실천력이 있어서 남을 먼저 행복하게 해 주는 일에 앞장선다. 그렇다 보니 인간관계가 좋고, 불행한 사람들보다 성공할 공산이 훨씬 더 클 수밖에 없다.

감정적으로 기분이 좋아지고 행복해지면 그만큼 더 바람직한 사람으로 변한다. 어떤 심리학 실험에서 피험자들을 재미있고 즐겁게 해 준 다음 누군가 그 앞에서 책을 떨어뜨렸을 때 피험자들은 선뜻 나서서 도와주었다. 하지만 지루하고 재미없게 만든 상황에서는 피험자들이 선뜻 나서서 돕지 않았다. 즐거운 사람이 타인을 더 잘 도와주는 경향이 있다는 사실을 입증한 것이다.

실력과 능력, 열정이 축구의 공격력에 비유된다면 행복한 삶은 좋은 수비력에 견줄 수 있다. 공격력이 매우 뛰어나서 두 골을 먼저 넣었다고 해도 수비력이 허술하면 2 대 3으로 역전을 당할 수 있다. 하지만 공격력이 뛰어나지 않더라도 좋은 수비력을 갖춘 팀은 절호의 찬스를 이용해 단 한 골만 넣어도 경기에서 이길 수 있다.

불행한 사람들은 출근하자마자 지쳐 버린다. 회사에 출근하여 의자에 앉자마자 퇴근 시간만 기다린다. 그래서 업무 성취도와 생산성, 창의성에서 행복한 사람들을 도저히 따라가지 못한다. 이것은 행복이라는 놀라운 에너지가 충전되어 있는 사람과 방전되어 있는 사람의 차이다.

행복한 사람은 그렇지 못한 사람보다 에너지 소비가 적고, 순간순간 행복하기 때문에 에너지가 재충전되어 힘든 일을 하더라도 더 오래 더 잘할 수 있다. 고된 일을 하더라도 행복한 사람은 그렇지 못한 사람보다 더 오래 버틸 수 있으므로 이것 또한 성공의 경쟁력이 된다.

기쁘거나 즐거울 때 집중력과 기억력이 향상되고 뇌 기능이 더 향상되기 때문에 시험을 치르기 전에 기쁜 일이 생기면 평소보다 시험을 더 잘 볼 수 있다고 한다. 우리는 매 순간 선택을 하면서 살아가는데 알게 모르게 선택한 결과들은 우리를 풍요롭게 해 줄 수도 있고 삶의 질을 떨어뜨릴 수도 있다. 이러한 선택에 영향을 미치는 것은 바로 우리의 마음 상태와 기분인데, 인간은 행복할 때 머리 회전이 더 빠르고 더 나은 선택을 할 수 있다.

행복한 사람도 역시 인간이기에 실망, 슬픔, 두려움, 불안, 질투, 절망과 같은 부정적인 감정을 느낄 수 있다. 하지만 행복한 사람들은 이런 감정을 배척하지 않고 오히려 인정한다. 이는 부정적인 감정을 긍정적인 감정으로 승화시키는 좋은 방법 중 하나다. 비가 오지 않고 늘

햇볕만 내리쬔다면 메마른 사막이 될 것이 뻔한 것처럼, 우리 삶에 슬픔, 실망, 불안과 같은 감정의 비가 내리지 않는다면 우리는 기쁨, 희망, 평안 또한 제대로 느끼지 못할 것이다.

행복 바이러스

행복은 전염성이 강하다. 그래서 우리는 항상 웃는 사람, 행복한 사람에게 끌리고 우울한 사람, 인상을 쓰고 있는 사람에게는 거리낌이 생겨서 가까이 다가가고 싶지 않다. 행복한 사람들은 자신이 행복하기 때문에 타인에게도 그 행복을 나누어 줄 수 있다. 그래서 말 한마디로 타인을 행복하게 해 줄 수 있고, 미소 한 번으로도 타인을 웃게 만들 수 있다. 반대로 불행한 사람들은 타인에게 나눠 줄 행복이 없기도 하거니와 자신의 불행을 알게 모르게 다른 사람들에게 전염시킨다. 그래서 불행한 사람 옆에 있으면 기분이 우울해진다.

행복한 사람에게는 분명 힘이 느껴진다. 행복한 사람에게는 세상이 길을 내준다. 그 존재감이 타인을 전염시켜서 세상을 더욱 밝게 한다. 사람들은 본능적으로 행복한 사람을 좋아하고 가까이 다가가려고 한다. 그래서 인맥이 큰 힘으로 작용하는 이 시대에 행복은 경쟁력이 된다.

행복한 사람들은 자신의 일에 열심일 뿐만 아니라 타인에게도 진심으로 관심을 나타낸다. 이런 관심은 고스란히 타인에게 전달되어 따뜻한 인간관계의 밑거름이 된다. 아울러 행복한 사람이 성공하게 되는 경영학적 이유는 새로운 리더십을 갖고 있기 때문이다.

경영 칼럼니스트이자 혁신 전문가인 권영설이 쓴 〈경영자를 위한 변명〉에는 시오노 나나미가 쓴 〈로마인 이야기〉에 언급된 '세레노 sereno' 라는 단어에 대한 설명이 있다. 세레노는 '평온하다', '청명하다' 라는 뜻의 이탈리아어로, 세레노한 사람이란 평온하고 청명하고 긍정적이며 밝은 사람을 말한다. 시오노 나나미는 한니발의 전쟁을 승리로 이끈 스키피오 장군을 그런 평온하고 밝은 매력을 가진 리더의 전형, 즉 리더십의 본질로 들고 있다. 시오노 나나미는 사람들마다 어쩔 수 없는 상처와 아픔이 있지만 그것을 극복하고 해맑은 표정을 보이는 사람에게 끌리게 마련이라고 설명한다. 실력이 조금 부족하고 외모가 매력적이지 않더라도 주위에 사람들이 많이 꼬이는 사람은 대부분 세레노한 사람이라는 것이다.

이에 대해 권영설은 바로 이러한 세레노 타입이 리더의 본질이기 때문에 세레노 리더는 그 자신이 에너지원이라고 말한다. 스스로 밝고 평온하기 때문에 남들에게 더 많은 관심을 가지고 더 많이 배려한다는 것이다. 그런 점에서 자신을 드러내지 않고 아랫사람들이 스스로 자발적으로 일할 수 있도록 유도하는 서번트servant 리더와 세레노는 같은 맥락이라고 볼 수 있다.

세레노 리더는 바로 행복한 사람과도 일맥상통한다. 세레노 리더는 자신의 권력을 이용하여 강압적으로 명령하는 리더가 아니라, 자신이 가지고 있는 평온함과 밝음을 통해 부하 직원들에게 좋은 인상을 주고 좀 더 많은 배려와 관심을 통해 행복을 나누어 주는 리더이기 때문이다.

언제나 밝게 웃으며 여유 있고 온화하며 행복해 보이는 리더와 함께 일하고 싶은가? 아니면 울상을 짓고 조급해하며 난폭하고 불행해 보이는 리더와 함께 일하고 싶은가? 행복과 불행은 둘 다 전염성이 강하기 때문에 행복한 사람을 중심으로 사람들이 모이고 불행한 사람 옆에는 아무도 없다. 그러므로 경영을 잘하고 싶다면 먼저 행복한 사람이 되어야 한다.

행복한 사람이 성공하게 되는 또 다른 경영학적 이유는 피터 드러커Peter Drucker와 함께 현대 경영학의 창시자로 꼽히는 톰 피터스Tom Peters의 최신작에서 발견할 수 있다. 〈리틀 빅 씽〉에서 그는 이렇게 말했다.

"우리가 너무 사소하게 생각하여 관심을 기울이지 않는 것들로부터 성공이 시작되는 경우가 많다. 따라서 사소한 것들에 대한 작은 노력과 실천이 성공의 출발점이 된다."

이는 그가 주장하는 '사소함이 만드는 위대한 성공 법칙'이다. 그는 남들이 사소하게 생각하여 신경 쓰지 않는 화장실, 주방, 음성 사서함, 직원들에 대한 칭찬 등과 같은 것들로부터 비즈니스의 성공과 실패가 결정되기 때문에 사소한 것에 집중하고 노력을 기울이라고 한다.

하지만 더욱 중요한 것은 실천의 문제다. 그야말로 사소한 것이라 규칙과 통제로 관리하기가 어려운데, 가장 효과적으로 행동으로 옮기도록 해 주는 비결은 바로 행복이다. 직원들을 기분 좋게 해 주면 수익률이 세 배가 된다는 연구 결과도 있다.

행복한 사람은 에너지가 넘치고 활동적이어서 자신에게 주어진 일 외에도 스스로 찾아서 일을 한다. 자신이 행복하기 때문에 주변 사람들에게 더욱 주의를 기울이고 아주 사소한 일까지도 성심성의껏 한다. 따라서 이러한 사람들이 많은 기업일수록 사소한 것들이 잘 관리되는 것은 당연하다.

이러한 기업의 성공 법칙은 개인에게도 그대로 적용된다. 불행한 사람은 만사가 귀찮고 의욕이 없으며 부정적이다. 하지만 행복한 사람은 무슨 일이든 최선을 다하고 의욕이 넘치며 긍정적이다. 행복한 사람들은 목소리나 태도, 얼굴 표정, 눈빛부터 다르다. 이들은 눈에 보이지 않는 사소한 일들도 챙길 수 있는 여력이 있기 때문에 인생을 성공적으로 운영할 수 있다.

행복한 사람들은 누구보다 겸손하다. 겸손의 근본은 자신을 낮추고 타인을 더 높게 여기며 자신을 있는 모습 그대로 인정하는 마음이다. 그래서 겸손한 사람은 평상심을 유지하기가 쉬운데 이런 평상심은 현대 사회에 매우 큰 경쟁력으로 작용한다. 시련이나 위기 앞에서도 의연하게 대처할 수 있고 치명적인 실수를 피할 수 있게 해 주기 때문이다.

〈개구리 성공학〉의 저자 달시 레라크는 "성공한 사람들이 모두 훌륭한 네트워커는 아니지만 훌륭한 네트워커들은 모두 성공한 사람들"이라며 성공의 최대 법칙으로 네트워킹을 꼽는다. 사회 심리학자인 스탠리 밀그램Stanley Milgram의 말대로 이 세상은 좁아서 여섯 다리만 건너면 모두 이웃이다. 그런데 행복한 사람들은 대부분 네트워킹을 좋아하고 적극적으로 인간관계를 맺는 편이다. 이러한 네트워킹은 결국 성공의 길로 이끈다.

행복한 사람은 창의적이다

〈사람이 경쟁력이다〉의 저자인 제프리 페퍼Jeffrey Pfeffer는 기업 생존의 핵심은 바로 '사람'이라고 말한다. 오늘날 지식 기반 경제를 넘어 창조성 기반 경제로 전환되고 있기 때문에 사람이 중요하다는 것이다. 그래서 성장을 지속하고 싶다면 기술보다 사람에 집중해야 하고, 기업이 성공하기 위해서는 사람을 잘 다룰 줄 알아야 한다고 말한다.

그의 말처럼 사람이 기업을 살리는 것은 틀림없다. 하지만 더 중요한 것은 활력과 생동감이 넘치는 사람, 상상력과 창조성이 넘치는 사람이 기업 생존의 핵심이라는 점이다. 기술력이 뛰어난 기업은 언제라도 다른 기업에게 추월당할 수 있다. 하지만 활력과 생동감이 넘치고 상상력과 창조성이 풍부하며 행복한 사람들이 많은 기업은 쉽게 추월당하지 않으며 추월당한다 해도 곧 다시 추월할 수 있다. 그래서 행복한 사람이 기업의 핵심 경쟁력인 것이다.

잡코리아가 매출액 기준으로 100대 기업을 대상으로 조사한 결과, 인재상의 첫 번째 항목이 창의성이었다. 그런데 창의성은 모름지기 행복하고 즐겁고 유쾌해야 발산되는 것이다. 인간이 가장 행복한 시절은 다섯 살 전후의 어린 시절인데 이때 창의성이 절정에 달한다고 한다. 이를 통해 행복한 상태와 창의성이 매우 밀접한 관계가 있다는 사실을 알 수 있다.

나폴레온 힐은 "인간의 창의력은 차가운 이성이 아니라 뜨거운 감성을 통해서만 발휘될 수 있다"고 말했다. 창의력은 지식이나 연습, 노력으로 끄집어낼 수 있는 것이 아니라 뜨거운 감성이 토대가 되어야 한다. 이 뜨거운 감성은 인간이 가장 자연스러운 존재, 즉 행복한 상태일 때 발현된다고 볼 수 있다.

"樂之者 不如創之者(즐기는 사람은 창의력을 가진 사람만 못하다)"라는 옛말이 있다. 타고난 재능을 갖고 열심히 일하는 사람은 성공할 가능성이 높다. 그러나 그런 사람을 이기는 사람은 일을 좋아하는 사람이고, 일을 좋아하는 사람을 이기는 사람은 일을 즐기는 사람이다. 그런데 즐기는 사람도 창의력을 가진 사람을 이기지는 못한다. 창의력을 가진 사람은 바로 행복한 사람이다. 왜냐하면 상상력과 창의성이 가장 잘 발휘될 때는 바로 행복할 때이기 때문이다. 이러한 이유로 열심히 하는 사람보다 좋아하는 일을 하고 즐기는 사람의 업무 성과가 더 높다. 더 나아가 좋아하는 일을 하고 즐기는 사람보다 행복한 사람의 업무 성과가 더 높다.

"사람의 인생은 그 사람의 상상력에 의해 결정된다"는 마르쿠스 아우렐리우스의 말처럼 현대는 상상력이 지식을 압도하는 시대다. 그래서 세계적인 기업들은 창의성과 기발한 상상력을 가진 인재를 선발하기 위해 다양한 시도를 하고 있다. 그러한 시도 중 페르미 추정 문제는 수평적 사고를 평가하기 위한 것이다. 페르미 추정 문제는 노벨 물리학상 수상자인 엔리코 페르미Enrico Fermi의 이름을 딴 것으로 창의적인 상상을 할 수 있도록 도와주는 다소 황당한 문제다. 세계적인 선도 기업인 구글과 마이크로소프트는 페르미 추정 문제를 입사 시험에 종종 내곤 한다.

영국의 심리학자 에드워드 드보노Edward de Bono는 인간의 사고에는 수직적 사고vertical thinking와 수평적 사고horizontal thinking가 있다고 했다. 수직적 사고는 논리적이며 합리적인 사고방식으로 과학, 수학, 논리학 등에 필요하다. 반면, 수평적 사고는 공상적이고 창의적이며 추상적인 사고방식으로 직관이나 상상력의 기초가 되어 작가나 예술가들에게 필요하다.

그러나 오늘날 수평적 사고는 작가나 예술가들에게만 요구되는 사고방식이 아니다. 우리가 살아가는 이 시대는 선형의 시대가 아니라 비선형의 시대, 단절의 시대다. 이러한 시대에는 선형적이고 논리적인 사고로는 도저히 대처해 나갈 수 없기 때문에 상상력과 창의력이 무엇보다 중요하다.

열심히 노력하여 지식을 축적하듯 상상력을 발휘하는 것은 불가능한 일이다. 상상력은 전적으로 어떠한 사람이냐에 따라 판가름 난다. 재미있고 기발하고 행복한 사람이라면 그에 따라 상상력이 발휘될 것이다. 하지만 지식만 꾸역꾸역 머릿속에 넣는 사람이라면 이제는 그 지식을 행복과 융합시켜 새로운 상상력으로 승화시켜야 한다. 행복은 상상력에 불을 붙이는 성냥불과 같은 것이다. 아무리 학식이 높다 해도 불씨가 없다면 상상력을 불러일으킬 수 없으니 행복이라는 불씨를 꺼뜨리지 말고 언제나 간직하고 있어야 한다.

진정한 행복이란?

슈바이처는 "성공이 행복의 열쇠가 아니라 행복이 성공의 열쇠"라고 말했다. 성공을 위해 열심히 일을 하고, 열정을 품고, 포기하지 말고, 노력하라는 것이 아니다. 성공하고 싶다면 이러한 것들보다 먼저 행복한 사람이 되라는 것이다.

행복학 분야의 세계적 권위자인 에드 디너Ed Diene 교수는 〈모나리자 미소의 법칙〉이란 책을 통해 행복도 지나치면 부족한 것만 못하다는 놀라운 사실을 주장하여 큰 충격을 안겨 주기도 했다. 그는 너무 완벽한 행복은 실현이 불가능하며 장기적으로 볼 때 득보다 실이 더 크다고 한다. 그래서 너무 지나친 행복보다는 일상을 통해 누릴 수 있는 적당한 행복이 더 낫다고 말한다. 모나리자가 사람들로부터 오랫동안 사랑을 받는 비결은 100% 환하게 웃는 모습이 아니라 83%의 미소와 17%의 슬픔이 균형을 이루었기 때문이다. 우리의 삶도 100%의 만족보다는 83% 정도의 만족과 17%의 미래로 균형을 이루어야 한다.

에드 디너는 또한 지금까지 많은 심리학자, 행복학자들이 연구한 주제와는 다른 주제에 대해서도 연구를 했다. 그는 '행복하기 위해 우리는 어떻게 살아야 하는가'라는 주제에서 탈피해 '행복한 사람은 어떤 삶을 살고 행복은 어떤 영향을 인간에게 미치는가'라는 주제에 대해 연구해 왔다. 그의 연구 결과를 종합하면 다음과 같다.

"행복한 사람이 그렇지 못한 사람보다 건강이나 성공, 인간적 성숙, 인간적 사회적 관계 형성 등 모든 면에서 훨씬 더 좋은 결과를 나타낸다."

그 증거 중의 하나로 청소년 시절, 특히 17세쯤에 행복도가 높은 청소년들이 그렇지 못한 청소년들보다 40세가 되었을 때 훨씬 더 높은 연봉을 받는다는 연구 결과를 발표했다. 이러한 연구 결과는 '오늘 행복함으로 살아가는 사람이 결국엔 성공도 하게 된다'는 이 책의 주제와 정확히 일치한다.

〈2010년 행복을 선택하는 이들의 축제〉에서 초청 강연을 통해 에드 디너는 한국인들이 물질적 풍요와 경제 성장에 비해 상대적으로 행복감이 낮은 이유는 바로 물질주의와 경쟁적 환경 탓이라고 지적했다.

그가 만들어 낸 삶의 주관적 만족도인 SWBsubjective well-being는 지금까지의 모호한 행복도 대신에 과학적으로 연구가 가능한 행복 지수다. SWB가 높은 사람일수록 더 건강하게 더 오래 살고 사회적으로도 더 성공적으로 살 뿐만 아니라, 그런 사람의 행복감이 사회 전반에까지 긍정적인 영향을 끼치게 된다고 한다.

그는 행복이 성공이나 돈, 출세, 명예, 인기와 같은 외부의 것들을 통해 얻게 되는 종속변수가 아니라 독립변수라는 행복에 의해 새로운 패러다임이 만들어진다고 말한다. 그리고 그가 일관되게 주장하는 연구 결과의 핵심은 '성공이 행복을 가져다주는 것이 아니라 행복이 성공을 가져다준다' 는 것이다.

하루하루 행복하게 살아가면서 그 결과도 성공이어야 참된 성공이다. 오늘의 행복과 즐거움을 포기하고 내일의 성공을 거머쥔다 해도 그것은 반쪽의 성공일 뿐이다. 행복과 성공의 순서가 중요하다. 성공하면 행복해진다는 것은 헛된 망상일 뿐이다. 행복해야 성공이 따라서 온다. 성공의 본질은 행복의 원인과 매우 가깝기 때문에 순서가 바뀌면 참된 행복을 이룰 수 없고 그로 인해 성공마저 사라져 버린다. 그래서 누군가는 행복하고자 한다면 성공하지 말라고까지 말했다.

왜 성공을 하면 참다운 행복을 누릴 수 있는 조건과 환경이 상실되는 것일까? 왜 성공을 먼저 하면 행복할 수 없을 뿐만 아니라 그 성공마저도 놓치게 된다는 것일까? 그것은 성공의 참된 본질이 우리가 생각하는 외형적인 성공과 큰 차이가 있기 때문이다. 사람들은 성공을 큰돈을 벌거나, 큰 업적을 이룩하거나, 큰 인기를 얻는 것이라고 말하지만 성공은 그런 외형적인 것이 아니다.

그렇다면 성공은 무엇일까? 이러한 질문에 가장 잘 대답한 사람은 가장 큰 성공을 거두었다고 평가받는 워렌 버핏이다. 그가 성공한 삶을 살았다고 평가받는 이유는 그가 많은 돈을 벌었기 때문이 아니라 가치 있게 돈을 사용했기 때문이며, 주위에 있는 사람들로부터 사랑을 받으면서도 자신의 분야에서 일인자로서 큰 업적을 남겼기 때문이다. 대학생들과의 좌담회에서 그는 성공에 대해 다음과 같이 말했다.

"저는 성공이라는 측면에 대해 이렇게 말하고 싶습니다. 이 말은 여러분을 매우 놀라게 할 수 있습니다. 저는 제 나이가 되어서 자신을 사랑해 주는 많은 사람들을 가진 이들을 알지 못합니다. 사랑해 주는 사람들이 거의 없는 것은 성공이라고 말할 수 없습니다. 만약 여러분이 성공적인 삶을 살아왔다면 여러분이 늙더라도 여러분 주변의 사람들, 즉 여러분의 가족, 사업상의 동료들, 이웃들 등 모든 사람들이 여러분이 하는 일을 사랑해 줄 겁니다. 이와는 반대로 놀라울 정도로 부유하고 자기 이름을 딴 학교까지 세웠으며 자신의 이름으로 저녁 만찬을 여는 사람들 중에는 아무도 사랑해 주지 않는 사람도 있습니다. 나는 그 사람들이 알고 있기를 바랍니다. 인생에서 그 나이가 되면 모든 것들이 얼마나 공허해지는 것인지. 그들은 많은 업적을 남겼고 〈포브스〉의 400대 부자에도 드는 사람들입니다. 저는 그들이 누구라고 말은 안 하겠습니다. 이와 반대로 저는 아주 평범한 직업을 가진 성공한 사람들을 알고 있습니다. 모든 종류의 상황에서 그들 주변의 사람들이 그들을 사랑합니다. 그럴 경우에 그들은 매우 성공했다고 느끼게 됩니다."

성공은 큰 부자가 되거나 위대한 업적을 달성해야만 이루는 것이 아니다. 주위 사람들로부터 사랑을 받고 사랑을 줄 수 있는 좋은 인간관계를 만들 수 있는 사람이라면 누구나 가능하다. 성공의 본질은 돈, 명예, 권력, 업적, 인기에 있는 것이 아니라 관계 속에서 만들어지는 사랑에 있다. 이러한 성공의 본질은 행복의 원인과 매우 비슷하다. 그래서 행복한 사람들은 성공의 절반을 이미 이룬 것이나 다름없다. 행복한 사람들은 이미 반쯤은 성공한 것이다.

불행한 사람은 우여곡절 끝에 성공이라고 부르는 것을 얻었더라도 행복은 고사하고 이미 얻은 성공조차도 위태로워질 수 있다. 성공을 오랫동안 유지하기 위해 필요한 것은 좋은 인간관계와 행복이기 때문이다. 좋은 인간관계와 행복은 성공했다고 해서 저절로 주어지는 것이 아니다.

먼저 성공을 하는 바람에 그 성공을 오래 유지하지 못하고 많은 것들은 남겨 놓은 채 생을 마감하는 사람들이 적지 않다. 그중 한 명이 앞서 말한 록펠러다. 그 역시 성공이 먼저 왔기 때문에 불행한 삶을 살았고, 세계 최고의 갑부가 되자마자 곧 불치병으로 고통을 받게 된 것이다. 그래도 그는 극적으로 인생을 반전시켜 행복한 여생을 보냈다.

모든 사람들이 록펠러처럼 극적인 삶을 살 수는 없다. 그러니 성공하기 위해 애쓰고 노력하기보다는 먼저 행복하게 살기 위해 행복해져야 한다. 행복하게 일하면서 살아가면 실패를 해도 그 실패조차 행복하게 받아들일 수 있게 된다. 행복한 사람들은 쉽게 좌절하지 않을 뿐만 아니라 실패를 하게 되더라도 알 수 없는 에너지가 샘솟아 한 번도 실패하지 않은 것처럼 성공을 일구어 내는 것이다.

랠프 왈도 에머슨은 무엇이 성공인지 잘 설명해 주는 유명한 문구를 남겼다.

"당신이 건강한 아이를 낳든, 자그마한 정원을 가꾸든, 자기가 사는 사회 환경을 개선하든, 당신이 한때 그곳에 삶으로써 단 한 사람의 인생이라도 행복할 수 있었다면 그것이야말로 진정한 인생의 성공이다."

그는 자신의 삶을 통해 단 한 사람의 인생이라도 행복할 수 있다면 그것이 성공이라고 정의를 내렸다. 즉, 행복할 수 있다면 그것이 바로 성공이라고 말한 것이다.

위대한 성공학 사상을 낳은 성공학의 태두 오리슨 스웨트 마든은 부와 성공의 비밀이 담긴 불후의 고전 〈미라클〉에서 진정한 성공에 대해 다음과 같이 밝히고 있다.

"진정한 성공이란 영혼이 풍요롭고 완전하다는 사실을 내면으로 의

식한다는 뜻이다. 풍요의 근원이자 무한한 공급원인 신과 하나임을 의식하는 것이다. 모든 좋은 것을 누릴 수 있음을 의식하는 것이다."

이처럼 외적으로는 단 한 영혼이라도 자신을 통해 행복하게 되는 것이 참된 성공이며, 내적으로는 풍요롭고 완전하다는 사실을 의식하는 것이 진정한 성공이다.

〈완벽을 잊어라〉의 저자 중 한 명인 리사 얼 맥리오드는 이렇게 말했다.

"내 인생이 꼭 어떤 식으로 흘러가야 할 것만 같은 생각, 내가 이상적으로 그리는 완벽한 그림을 포기하고 나면 지금 내 인생 그대로 즐기는 법을 알게 된다."

그의 표현을 빌리자면 행복해지기 위해 필요한 것은 성공이 아니라 지금 내 인생 그대로 즐기는 법을 아는 것이다. 행복해지기 위해 성공이 필요한 것이 아니다. 지금 자신의 인생을 그대로 즐기는 법을 아는 것이 우리를 행복으로 이끌어 줄 것이다. 행복해지기 위해 돈과 명예, 출세, 입신, 권력, 부귀, 영화가 필요할까? 하지만 이 모든 것을 가진 사람 중에서도 너무나 불행하고 비참한 삶을 살다 간 사람들이 많다는 사실을 알아야 한다.

행복해지기 위해 필요한 것은 지금 나 자신의 상황과 조건을 받아들이고 인정하는 것이다. 성공할 때까지 기다리거나 우리의 행복을 성공의 종속변수로 생각해서는 안 된다. 그러한 생각들은 과감히 떨쳐 버려야 한다.

그래서 자신의 일을 즐길 줄 아는 사람이 행복한 사람이다. 그리고 자신의 일을 즐길 줄 아는 행복한 사람은 반드시 자신의 일을 통해 성공하게 된다. 즉, 행복한 사람이 되어야 성공이 따라온다는 사실이다. 행복해지기 위해 필요한 것들 중에 하나는 자신이 미칠 수 있는 일을 발견하고 그 일을 즐거워하며 즐기는 것이다.

열심히 하는 자들은 그 일을 좋아하는 자들을 당해 낼 수 없고, 그 일을 좋아하는 자들은 그 일을 즐기는 자들을 당해 낼 수 없다. 그렇기 때문에 일을 즐기는 것이 행복의 조건 중에 하나라고 말할 수 있다.

지금 내 인생을 그대로 즐기는 법은 타인과 비교하지 않고 당신 자신이 되는 것이다. 그리고 욕심을 버리는 것이다. 이미 가진 것들의 참된 가치를 깨닫고 감사하는 것이다.

지금 내 인생을 그대로 즐기는 법은 내 모습 그대로 인정하고 받아들이고 용서하는 것이다. 자신의 부족함과 연약함과 실수를 모두 그대로 인정하고 온전하게 받아들이면 그때부터 마음의 평화가 생기게 된다. 그러한 마음의 평화가 토대가 되어야 인생이 즐거워지는 길에 들어서게 되는 것이다.

내가 어제 실수한 것을 후회하지 말고 내 모습 그대로를 인정하고 받아들여 보자. 그리고 지금도 충분히 행복하다는 사실을 명심하자. 대한민국에 지금 태어나서 살고 있다는 것만 해도 큰 축복이며 큰 행운이다. 당신은 이미 충분히 행복하다. 그러므로 지금 당신의 인생을 마음껏 즐겨라.

"나는 사람이 자기 일에 즐거워하는 것보다 더 나은 것이 없음을 보았나니"라고 지혜의 왕 솔로몬은 말했다. 성공을 위해 평생을 바쳐서 성공하는 사람보다 매일 일상에서 자신이 하는 일을 즐거워하는 사람이 더 낫다. 이것이 인생을 그대로 즐기는 법이다.

불행한 성공을 위해
희생하지 말라

프로이트는 행복에 이르는 조건을 '일과 사랑'이라고 말했다. 그의 주장대로 자기 일을 좋아하고, 즐길 수 있고, 주위 사람들을 온전히 사랑하는 사람이라면 틀림없이 행복에 이를 수 있다. 이러한 사람이 바로 행복한 사람이고 이러한 사람에게 성공이 연이어 오는 것이다.

하지만 일을 하고 싶어도 취직이 안 되어 일을 할 수 없는 상황에 놓여 있는 사람들이 있다. 이런 사람들 중 로또와 같은 행운을 통해 부자가 되는 경우도 있지만 결코 행복해질 수는 없다. 순서가 바뀌었기 때문이다. 그래서 로또와 같은 것으로 큰 부를 얻게 된 사람들의 대부분은 1년 이내에 이전보다 훨씬 더 불행하고 비참한 삶을 살아가게 되는 것이다. 이러한 사실을 통해 불행의 해결책은 돈이나 성공이 아니라 오직 행복뿐이라는 사실을 알아야 한다.

"행복은 우리의 일상에 숨어 있다. 행복은 사소한 것에 있다."
                                                        – 존 러스킨
"행복이란 부도 화려함도 아닌 평온과 일이다." – 토머스 제퍼슨
"행복이란 명징明澄한 양심이다." – 에드워드 기번

이러한 행복을 누릴 수 있는 사람은 큰돈과 성공을 거머쥐어도 그 돈과 성공이 이 사람의 영혼을 황폐하게 만들지 않는다. 행복한 사람은 이미 마음에 평온이 있고 일을 즐길 줄 아는 사람이며 사소함을 통해 행복을 누릴 수 있는 '된 사람'이기 때문이다. 하지만 이러한 경지에 오르지 못한 사람들은 갑자기 큰 성공이 찾아오면 우왕좌왕하고 결국 조금이나마 있던 마음의 평온까지도 뺏기게 되어 더 불행해지기 십상이다. 마음의 평온과 소소한 일상을 즐길 줄 모르는 사람은 큰 명예를 얻었다가 그것이 없어질 때 너무나 큰 좌절과 시련으로 매우 극단적인 선택을 하게 된다.

그러므로 성공을 위해 현재의 기쁨과 행복을 포기하지 말라. 성공을 위해 현재의 행복을 포기하고 집착하는 사람에게는 성공이 다가가지 않는다. 오히려 현재의 행복을 즐기며 소소한 기쁨을 누릴 줄 아는 사

람에게 성공은 서서히 다가온다.

어둠을 몰아내는 가장 좋은 방법은 빛으로 채우는 것이다. 마찬가지로 불행을 몰아내는 가장 좋은 방법은 행복으로 오늘을 채우는 것이다. 행복으로 우리의 삶을 채우면 그 행복이 곧 성공을 불러들인다는 사실을 믿기 바란다. 하지만 성공으로 삶을 채운다고 해서 그 성공이 행복까지도 불러들이지는 않는다는 것을 기억하라.

그래서 성공을 위해 헌신하는 사람들은 너무나 위험한 인생을 살고 있는 것이다. 한평생 성공만을 위해 모든 것을 희생하고 투자한 사람이 인생의 끝자락에서 성공을 한다고 해 보자. 그 사람이 인생의 끝자락에서 얻은 성공이 평생의 헌신과 희생을 보상하고도 남을 만큼이 될까? 평생의 헌신과 희생을 다 보상하고도 남을 만큼의 성공이란 이 세상에 존재하지 않는다. 그래서 하루하루를 일을 통해 즐길 줄 알아야 하는 것이 행복 성공학의 요체다.

버트런드 러셀은 "학자들과 얘기할 때는 행복이란 더 이상 가능하지 않다는 느낌을 강하게 받지만 정원사와 얘기할 때는 그 반대의 확신이 든다"고 말했다. 이 말은 무엇인가를 하는 사람에게 행복이 숨어 있다는 의미다. 즉, 소비가 아니라 무엇인가를 추구하고 생산하는 것을 통해 행복할 수 있다는 것이다. 성공과 성취, 소유를 통해서 행복이 오는 것이 아니라 정원사가 꽃들에게 사랑을 주고 관심을 보이고 정성을 쏟기 때문에 꽃들도 행복해지고 정원사도 역시 활기 넘치는 행복한 삶을 살게 된다는 것이다.

사람들은 행복해지기 위해 바쁘게 산다. 하지만 너무 바빠서 행복할 수 없다. 이러한 어리석은 삶을 살게 된 근본 이유가 바로 성공을 하면 행복도 뒤따라오는 것인 줄 착각하기 때문이다. 하지만 성공을 해도 저절로 행복이 뒤따라오지는 않는다. 성공을 통해 순간적인 환희나 기쁨을 얻을 수 있고 성취감을 누릴 수 있지만 그것은 불과 3개월이면 사라진다. 더 큰 성공을 하기 위해 또 숨가쁜 일상을 보내기 때문이다. 성공을 통해서만 기쁨을 누릴 수 있는 사람은 성공에 대해 마약처럼 중독되어 또 다른 성공을 위해 살아야만 하기 때문이다.

마약이 무서운 이유는 항상 이전보다 더 큰 쾌락을 갈망한다는 점이다. 성공에 대한 욕심과 집착도 마찬가지다. 우리는 항상 이전보다 더 큰 성공과 더 많은 부를 갈망하게 되어 있다. 그래서 만족함이 없는 힘겨운 삶을 살게 되는 것이다.

행복은 쾌락, 만족, 기쁨, 즐거움과는 다르다. 그렇다면 행복이란 과연 무엇일까?

첫째, 행복은 돈이나 성공과는 무관하다.

둘째, 행복은 쾌락과도 무관하다. 마약을 하는 사람들은 행복할 수 없다. 다만 쾌락을 느낄 뿐이다.

셋째, 행복은 미래에 존재하지 않고 현재에만 존재한다. 이 땅의 어떠한 것도 미래의 행복을 보장할 수 있는 것은 없다.

넷째, 행복은 소비가 아니라 생산에 있다.

다섯째, 행복은 소유가 아니라 마음에 있다. 행복한 사람은 부자가 아니라 감사하며 살아가는 사람이다. 그런 사람만이 누릴 수 있기 때문이다.

불행한 성공을 위해 너무 많은 것을 희생하지 말라. 성공보다 먼저 행복한 일을 발견하라. 먼저 행복한 자아를 완성시키라는 것이다. 먼저 행복함으로 살 수 있는 자신으로 발전시키라는 것이다. 그 후에 성공하고자 노력해도 늦지 않다. 오히려 이것이 더 빨리 성공하는 길인지도 모른다. 그러므로 성공에 집착하지 말고 오늘을 즐길 수 있는 사람이 되어 행복함으로 하루하루 살라. 이것이 성공의 첫 번째 순서라는 것을 명심하자.

행복하기 위해 지금의 불행을 선택하지 말라. 지금 불행하면 미래가 아무리 행복하더라도 소용없다. 그 미래는 지금 이 세상에 존재하지 않는 망상일 뿐이다. 우리는 엄청난 노력을 하지 않아도, 엄청난 성공을 거두지 않아도, 엄청난 부를 획득하지 않아도 지금 모습 이대로 온전히 기뻐하고 행복할 수 있다.

절대로 행복하기 위해 일하지 말라. 반대로 일을 함으로써 행복해질 수 있어야 한다. 그것이 신이 우리에게 일을 주신 이유다. 그래서 땀 흘리면서 일을 할 수 있다는 것은 축복인 것이다.

행복은 멀리 있지 않다. 오늘 내가 나 자신을 흥분시킬 만한 일을 하는 것만으로 족하다. 오늘 누군가에게 작은 미소를 줄 수 있다면 그것만으로도 행복한 것이다. 내가 오늘 존재함으로써 누군가가 좋아하고 행복해한다면 그것만으로도 행복인 것이다. 우리는 존재하는 것만으로도 이미 행복할 자격이 충분히 있다.

결과에 따라 행복해져서는 안 된다. 과정을 통해서도 충분히 행복할 수 있다. 그러므로 최선을 다한들, 또는 못한들 그것으로 행복해할 수 있다. 그것은 아무도 빼앗아 갈 수 없는 우리의 권리다. 우리의 행복은 성공이라는 결과에서 나오는 것이 아니라 보다 나은 삶을 살아가기 위해 실천하는 삶의 과정 속에서 나오는 것이다.

성공만을 위해 달려가는 일은 내 인생의 많은 행복을 매몰시키는 것과 같다. 날마다 행복함으로 나아갈 때 그 끝에 성공도 기다리고 있는 것이다. 하지만 성공을 위해 달려가는 인생은 그 끝에 행복이라는 것으로 변장한 불행이 기다리고 있다.

우리의 인생은 얼마나 멀리 가야 하는 경주가 아니라 하루하루 주어진 삶을 얼마나 충만하게 살아가느냐 하는 여정이다. 우리의 문제는 삶을 누리며 충실하게 살아가지 않고 비교하고 분석하고 경쟁한다는 것이다. 우리의 문제는 그냥 행복하게 살아가지 않고 우리가 얼마나 행복한지 따져 본다는 것이다. 그러니 우리는 그냥 행복하게 살아가면 된다.

행복함으로 성공을 꿈꾸는 이들에게

이 책을 통해 독자들은 무엇보다 중요한 사실, 즉 행복한 사람이 결국에는 성공을 이루게 된다는 사실을 발견할 것이다. 그러나 그러한 사실을 아는 데 그쳐서는 안 된다. 그것을 실천해야 한다. 이 책에서 필자는 이를 실천할 수 있는 여러 가지 방법을 제시했다.

수많은 심리학자들은 행복해지기 위한 직간접적인 방법으로 운동, 긴장 완화, 명상, 요가, 일에 대한 몰입, 건전한 인간관계 등을 제시하지만, 행복해지기 위한 가장 중요한 방법은 그냥 행복해하는 것이다. "Just be happy!" 이렇게 행복해함으로써 일에 더 잘 몰입할 수 있고, 운동을 즐길 수 있고, 긴장이 완화될 수 있고, 좋은 인간관계를 맺을 수 있다.

"행복은 인생 최대의 목표가 아니다. 삶의 도구이며 처세여야 한다."

이것이 인류가 새롭게 선택해야 할 새로운 행복론이며, 새로운 행복 패러다임이다.

독자들이여.

Just be happy!

그냥 행복해하라!

이것이 행복의 최고 비결이며 성공의 최고 비결이라는 사실을 잊지 말라.

과거에는 성공하기 위해서 장시간의 고통을 감내해야만 한다는 것을 진리로 받아들였다. 그래서 많은 사람들은 미래의 성공을 위해 현재의 고통을 참아 내는 전략을 구사했다. 하지만 이제는 성공하기 위해 더욱 삶을 즐기고 행복해야 하는 시대가 되었다. 현재 행복하게 일하고 행복하게 사는 사람이 나중에도 더 행복해지고 더 성공하게 된다. 그러니 독자들이여, 오늘 행복해야 내일도 행복하고 성공할 수 있음을 명심하라.

신경생물학적 연구 결과에 따르면 행복의 주재료는 사랑이라고 한다. 그래서 사랑을 받고 자란 아이들이 그렇지 못한 아이들보다 공부도 잘하고 더 건강하며, 사랑과 인정을 받는 직원들이 그렇지 못한 직원들보다 업무 성과가 더 탁월하다는 연구 결과도 있다. 이러한 현상은 모두 사랑의 힘의 결과다. 그 사랑이 열매를 맺어 우리 삶에 나타나는 것이 바로 행복이다. 서로 사랑하는 것이 가장 큰 행복이고, 이를 위해서 어떠한 부와 성공도 필요치 않다.

지금 이 순간 사랑을 하지 않는 사람은 내일 사랑을 하기가 더 힘들어진다. 또한 오늘 행복하게 살지 않는 사람은 내일 행복하게 살기가 더 힘들어진다. 작은 것에 감사하고 일상 속에서 사랑을 실천하는 사람은 결국에는 큰 행복을 누릴 수 있게 된다.

오늘의 행복은 오늘로서 끝나는 것이 아니라 내일의 행복의 씨앗이 된다. 그리고 더 나아가 성공적인 삶의 토대가 된다. 그렇기 때문에 우리가 행복하게 살아야 할 이유가 분명하다. 또한 우리에게는 행복하게 살아갈 능력이 분명히 있으므로 우리는 단지 행복해하는 사람이 되어야 한다.

그리스의 유명한 철학자인 에픽테토스는 다음과 같은 말을 했다.

"나는 죽어야 한다. 하지만 그렇다고 해서 내가 슬퍼하며 죽어야 하겠는가? 나는 사슬에 묶여야 한다. 그렇다고 비탄에 젖어야 하는가? 나는 추방당해야 한다. 그렇다 해도 즐거워하고 만족스러워하면서 갈 수는 없는 것일까? 누군가 당신을 감옥에 가둔다고 할 때 당신은 뭐라고 말할 것인가? 당신은 내 몸을 감옥에 가둘 수 있지만 나의 정신은 제우스라도 억압할 수 없다."

그의 말처럼 우리의 정신은 누구도 억압할 수 없기 때문에 우리는 어떠한 조건에서도 행복을 선택할 수 있다. 그리고 행복은 기다릴 필요가 없다. 마음만 먹으면 행복은 우리에게 찾아오기 때문이다. 더 나은 상황이 될 때까지, 더 출세할 때까지 행복을 기다리며 절대 미루지 말라.

"Right now

(바로 지금 이 순간),

Just be happy and score a success

(단지 그대는 행복하라. 그러면 성공이 찾아올 것이다)."

성공이 목표일지라도
행복이 우선이다

초판인쇄 2013년 1월 15일
초판발행 2013년 1월 25일

지은이   김병완
펴낸이   박찬후
편집   박민정
디자인   김은정

펴낸곳   북허브
등록일   2008. 9. 1

주소   서울시 구로구 구로2동 453-9
전화   02-3281-2778
팩스   02-3281-2768
e-mail   book_herb@naver.com
             http://cafe.naver.com/book_herb

값 12,000원
ISBN 978-89-94938-08-0(03330)